„WAS WIR HEUTE TUN,
ENTSCHEIDET
DARÜBER, WIE DIE
WELT MORGEN
AUSSIEHT."

MARIE VON EBNER-ESCHENBACH

Nähfrosch · Katja Czajkowski

EINFACH NACHHALTIG NÄHEN
Babys & Kids

KLEIDUNG, NÜTZLICHES UND SCHÖNES FÜR KINDER NÄHEN – UMWELTFREUNDLICHE PROJEKTE UND PRAKTISCHE TIPPS

Für die Größen 50 bis 104
Mit 2 Schnittmusterbogen

EMF

EIN BUCH DER
EDITION MICHAEL FISCHER

INHALT

5 Vorwort

6 Nachhaltigkeit
7 Start in die Nachhaltigkeit
10 Nachhaltige Mode
13 Nachhaltig leben mit Kindern
16 Nachhaltig wickeln
18 Nachhaltige Kleidung für Kinder
20 Langlebige Kinderkleidung
22 Zero-Waste-Kinderkleidung

24 Materialien
25 Stoffe
28 Gütesiegel

30 Grundausstattung

32 Nähgrundlagen
33 Nähmaschine
35 Overlock
37 Bügeleinlagen
38 Die richtige Größe finden
39 Richtig Maß nehmen
40 Schnittmuster lesen
42 Schnittmuster übertragen
43 Nähen und versäubern
45 Wendeöffnung schließen
46 Bündchen annähen

57 Projekte
58 Shirt KEREN
62 Upcyling-Varianten
64 Shirt MANIS
68 Hose RAS
72 Hose COCOK
78 Rock BARU
82 Kleid ATAS
88 Jumpsuit SUKA
94 Cardigan TOMBOL
100 Latzhose SATU
106 Winterset BERSAMA
108 Schal
109 Mütze
110 Halstuch GIAT
114 Haarband PITA
118 Lätzchen ENAK
122 Wärmekissen PUSAR
126 Die fleißigen Probenäherinnen
127 Danksagung / Über Nähfrosch

Husqvarna
VIKING

VORWORT

Nachhaltig nähen hört sich vielleicht erstmal ziemlich langweilig an, aber das muss es definitiv nicht sein! In diesem Buch kommt die Freude am Nähen nicht zu kurz – denn was uns Freude bereitet, das machen wir gern und mit Liebe. Doch zu einem bewussten Lebensstil gehört auch, seine Hobbys einmal kritisch unter die Lupe zu nehmen.

Nachhaltiger leben funktioniert nicht von Zauberhand über Nacht, schon gar nicht in Familien. Vielmehr findet ein Umdenken statt, Schritt für Schritt. Und in jeder Familie sind die Schritte unterschiedlich! Dieses Buch soll dir mit interessanten Informationen und praktischen Tipps dabei helfen, dein Hobby und das Thema Kleidung für Kinder umweltverträglicher zu gestalten.

In diesem Buch findest du nachhaltige Nähprojekte für Babys und Kinder von 0 bis 3 Jahren, sowohl für dehnbare Stoffe wie Jersey und Sweat als auch für Webwaren wie Musselin oder Cord. Die Schnittmuster sind so entworfen, dass sie unkompliziert genäht werden können und viel Platz für die eigene Kreativität lassen. Anfänger sowie Fortgeschrittene werden gleichermaßen angesprochen.

Kinder lieben praktische Kleidung, in der sie sich gut bewegen und spielen können. Deshalb sind alle Schnitte so konstruiert, dass sie viel Bewegungsfreiheit bieten und für alle Lebenslagen geeignet sind. Du kannst aussortierte Kleidungsstücke upcyceln oder zertifizierte Bio-Stoffe zu Kleidungsstücken vernähen, die gut mitwachsen und durch das ganze Jahr begleiten. Auch auf das Thema Stoffresteverwertung gehe ich ein: Viele Schnitte kannst du durch Teilungen kunterbunt aus kleineren Stücken zusammenpatchen.

Der Grundlagenteil und die ausführlichen Schritt-für-Schritt-Anleitungen nehmen dich beim Nähen an die Hand, sodass du die Schnitte gut umsetzen kannst, bevor der Nachwuchs schon wieder gewachsen ist.

Ich wünsche dir viel Spaß mit diesem Buch und beim Nähen der Modelle. In diesem Buch steckt eine große Portion Herzblut von mir, und ich bin gespannt, was du daraus machst!

Deine Katja

Werde Teil der Nähfrosch-Community

Sei auch du Teil der Nähfrosch-Community! Für den Austausch unter Gleichgesinnten gibt es die Facebook-Gruppe „Nähfrosch Community". Hier kannst du deine Nähfrosch-Kreationen zeigen und dich inspirieren lassen. Doch die Nähfrosch-Community geht über eine reine Nähgruppe weit hinaus: Persönliche Reiseerfahrungen, Tipps und Tricks und eine rege Kommunikation mit anderen Eltern erwarten dich!

NACHHALTIGKEIT

START IN DIE NACHHALTIGKEIT

Nachhaltigkeit ist in aller Munde – und das ist auch gut so. Denn Umwelt und Ressourcen zu schonen, macht Sinn. Bedeutet aber natürlich, dass wir alle unseren Beitrag leisten müssen.

Nachhaltigkeit ist eigentlich ein ganz einfaches Prinzip. Denn nachhaltig zu handeln, bedeutet nichts anderes als sich so zu verhalten, dass auch in Zukunft alle Lebewesen gut auf der Erde leben können. Das heißt, es geht um umweltfreundliche Technologien und Materialien, eine soziale und geregelte Produktion sowie faire Löhne.

Ein erster Schritt zu mehr Nachhaltigkeit ist das Nachdenken und Hinterfragen von eingefahrenen Verhaltens- und Verbrauchsmustern! Mache ich XY so, weil es für mich/uns gut so ist oder nur weil ich es schon immer so gemacht habe? Könnte es anders besser sein? Für mich? Für die Umwelt? Für unser Leben als Familie?

Das ganze Leben auf einen Schlag umzustellen, ist vielleicht ein bisschen viel verlangt, und wir sollten uns nichts vormachen: Veränderungen brauchen Zeit. Aber wenn wir alle ein bisschen bewusster und achtsamer durch die Welt gehen und gute Vorbilder für unsere Kinder sind, wird sich vieles schon zum Besseren wenden. Wenn auch nur ein kleines bisschen.

NACHHALTIGKEIT = MINIMALISMUS?

Nachhaltigkeit muss nicht zwingend mit Minimalismus gleichgesetzt werden. In meiner Wahrnehmung passen (kleine) Kinder und Minimalismus auch einfach nicht zusammen. Es sammelt sich automatisch durch Weihnachten und Geburtstage ein Haufen Zeug an, es wird den einen Tag dieses Teil bespielt, und am nächsten wird dieses Teil nicht mehr angesehen. Das Kind hat ein halbes Jahr lang nur Jogginghosen getragen, und plötzlich möchte es nur noch Jeanshosen tragen. Schade um die neu gekauften Jogginghosen. Da kann man noch so sehr auf Minimalismus gepolt sein, bevor man vollends die Nerven verliert, sollte man mal durchatmen.

Nachhaltig(er) kann ich auch leben, wenn es mit dem Minimalismus nicht klappt. Das muss man sich besonders als Eltern ins Bewusstsein rufen. Wir streben oft nach dem unerreichbaren Perfektionismus! Aber auch unser Nervenkostüm zu schonen und uns als Person ernst zu nehmen, ist nachhaltig.

Gehe einen Schritt nach dem anderen, besonders wenn die Kids in einer unberechenbaren Phase sind. Denke über Anschaffungen nach: Ist sie nötig, oder kann das Alte noch repariert werden? Wenn ja, gibt es nachhaltige Alternativen z. B. aus umweltschonenden Materialien? Muss es neu sein, oder kann es gebraucht sein, ausgeliehen oder sogar selbst gemacht werden? Achte auf gute Qualität, die man gegebenenfalls auch noch mal reparieren kann. Langlebigkeit ist eine gute Sache!

Überdenke auch Alltagsprodukte, die man immer wieder nachkauft und nie einen Gedanken daran verschwendet. Muss es Shampoo aus der Plastikflasche sein, oder möchtest du es mal mit festem Shampoo versuchen? Greife statt zu Plastikflaschen zu denen aus Glas. Es gibt inzwischen bei vielen Produkten tolle Alternativen oder auch nur andere Verpackungen, die man schnell entdeckt, wenn man drauf achtet.

Tipp: Zu vielen Produkten gibt es umweltfreundliche(re) Alternativen, egal in welchem Lebensbereich. Hier einige Beispiele, die wir im Hause Nähfrosch schon umgestellt haben:

ALTERNATIVEN
Glasflaschen statt Plastikflaschen, bei Getränken aber auch z. B. bei Ketchup
Seifenstück statt Flüssigseife oder Duschgel
Festes Shampoo oder Haarseife statt Shampoo und Spülung aus der Flasche
Obst und Gemüse unverpackt kaufen statt in Plastik verpackt
Waschnüsse oder Waschbälle statt flüssigem Waschmittel
Große Packungen statt einzeln verpackter Mini-Päckchen
Verpackungen aus wiederverwerteten Materialien bevorzugen (z. B. recyceltes Plastik oder Papier)
Waschbares Spültuch statt Plastikschwamm zum Wegwerfen
Stoffservietten oder Waschlappen statt Papierservietten und Küchenrolle
Edelstahltrinkflasche statt kleiner Plastikflasche zum Wegwerfen
Edelstahl- oder Bambusstrohhalm statt Plastikstrohhalm
Eis in der Waffel statt im Becher
Stoffbeutel statt Plastiktüte
Dauerbackmatte statt Einweg-Backpapier
Wiederverwenbarer Getränkebecher statt Pappbecher

Sprich dich mit Familie und Freunden bezüglich der Geschenke ab. Bevor zu viele Geschenke nur um des Schenkens willen besorgt werden, richte lieber ein Konto ein für Geldbeträge, und jeder kann ein (abgestimmtes, kleineres) Geschenk schenken. Auch aktuell benötigte Anschaffungen können so koordiniert werden. Die neue Winterjacke muss nicht plötzlich im Schrank hängen, weil das Kind sie demnächst braucht. Es kann ein gemeinsamer Shoppingtrip für den Jackenkauf mit der Oma organisiert werden – als Geschenk zum Geburtstag beispielsweise. Meine Oma hat das jahrelang mit mir so zelebriert, und diese besondere Exklusivzeit mit ihr ist eine lieb gewonnene Erinnerung. An ein jährliches Abenteuer mit gemeinsamer Zugfahrt in die nächste Stadt, Anprobieren von Jacken in Geschäften und einem schönen Mittagessen, denke ich gerne zurück.

NACHHALTIGE MODE

Besser Fair Fashion als Fast Fashion – doch es ist gar nicht so leicht, den Überblick zu behalten, wie man Kinder und uns selbst nachhaltiger einkleiden kann.

Auf allen Stoff- und Modemessen rund um den Globus steht Nachhaltigkeit auf der Agenda ganz oben. Das Angebot nachhaltiger Stoffe und Kleidung wächst rasant, und immer mehr Anbieter kommen mit sogenannten nachhaltigen Kapselkollektionen auf den Markt – also kleine, nachhaltige Serien.

Die Hersteller warten mit spannenden Ideen auf, entwickeln mit Hochdruck Alternativen zu Plastikfasern und Co. Da gibt es Jersey aus Bananenschalen und Ananasblättern, Stoffe aus Orangenschalen und Kokosfasern, Jackenstoffe aus Rizinusöl und Fleece aus Holzfasern. Naturfasern wie Hanf, Bambus und Brennnessel werden neu entdeckt. Recycling spielt bei all den Innovationen natürlich auch eine große Rolle. Das Ergebnis: Stoff aus recyceltem Kaffeesatz oder Membrane aus gebrauchten Plastikflaschen. Lebensmittelreste kommen neben Gewürzen und Steinen als Färbemittel zum Einsatz. Mal schauen, wie schnell diese Produkte in den Läden zu finden sein werden.

Ob ein Stoff oder ein Kleidungsstück aus nachhaltigen Materialien besteht oder nachhaltig produziert wurde, ist nicht immer auf den ersten Blick erkennbar. Daher helfen geprüfte Gütesiegel bei der Orientierung – egal ob beim Modebummel oder beim Stöbern im Stoffladen.

Wenn wir zu Mode und Stoffen greifen, die nachweislich nachhaltig sind, tun wir natürlich schon viel. Es geht aber um mehr. Denn auch ein grundsätzliches Umdenken in puncto Konsum hilft, Ressourcen und Umwelt zu schonen.

WENIGER UND BEWUSSTER KAUFEN

Mal ganz ehrlich – wir haben alle jede Menge Kleidung und Stoffvorräte! Manche Teile lieben wir heiß und innig, manche haben wir seit Jahren ungetragen im Schrank. Da gibt es auch manchen Stoff, an dem wir nicht vorbeigehen konnten, weil wir ein unglaublich süßes Oberteil für unsere Kleinen schon vor Augen hatten. Und da liegt er nun, weil wir einfach nicht dazu kommen. Aber diesen tollen Stoff nehmen wir jetzt trotzdem noch mit. Jeder von uns kennt das, oder? Es macht einfach Spaß. Aber vielleicht ist es ja wirklich nachhaltiger, nicht alle Trends mitzumachen und nicht jeden Stoff zu hüten. Sondern weniger und bewusster zu kaufen – Lieblingsstücke, die wir mehr als einmal tragen, und qualitativ hochwertige Stoffe, die wir auch wirklich vernähen.

HOCHWERTIG UND REGIONAL KAUFEN

Billig geht immer zu Lasten von Erzeugung und Verarbeitung, Umwelt und Arbeitskräften. Man bekommt im Ausverkauf auch mal ein super Schnäppchen von der vergangenen Saison, aber Kleidung, die von vornherein billig ist und kaum etwas kostet, hat Nebenwirkung für jemand anderen in der textilen Kette – auf Kosten anderer, das ist nicht fair. Deshalb sollten wir hochwertig und regional kaufen, und die Fast Fashion links liegen lassen. Zertifizierte Baumwollfasern sind meist 10–20 % teurer, aber wir tun damit etwas Gutes – letztlich auch uns selbst. Wenn wir es schaffen, den ein oder anderen „Schrankhüter" zu vermeiden, wird es unterm Strich nicht wirklich teurer.

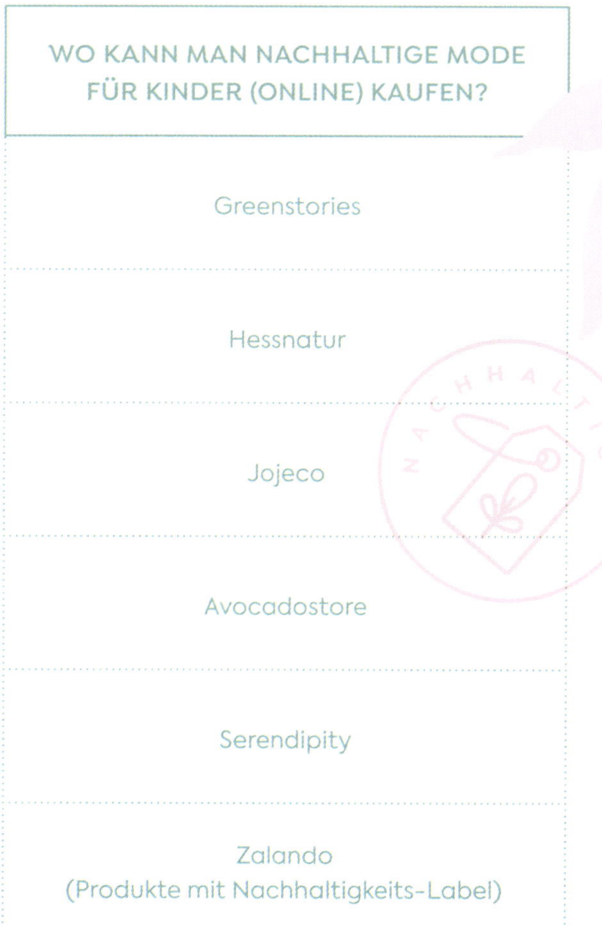

WO KANN MAN NACHHALTIGE MODE FÜR KINDER (ONLINE) KAUFEN?

- Greenstories
- Hessnatur
- Jojeco
- Avocadostore
- Serendipity
- Zalando (Produkte mit Nachhaltigkeits-Label)

NACHFRAGEN UND FORDERN

Die Nachfrage regelt das Angebot, heißt es so schön. Das ist im Hinblick auf Nachhaltigkeit ein wichtiger Hebel. Denn nur wenn wir Verbraucher Verantwortung übernehmen und nachhaltige Produkte fordern, zertifizierte Stoffe bevorzugen, auf Qualität setzen und faire Produkte kaufen, wird das Angebot entsprechend ausgebaut.

UPCYCLING

Beim Upcycling werden alte oder nicht mehr benötigte Dinge verwendet, um daraus etwas Neues zu kreieren. Dabei kann man seiner Kreativität freien Lauf lassen und schont nebenbei auch die Umwelt. Egal ob Upcycling mit Kleidung, Stoffresten zum Nähen, Taschen, Jeans, Plastik oder gar Möbeln – beim Upcycling gibt es keine Grenzen.

AUS ZERTIFIZIERTEN ÖKO-STOFFEN SELBST NÄHEN

Kleidung muss nicht gekauft oder upgecycelt werden. Natürlich kannst du nachhaltige Mode auch selbst nähen! In diesem Buch findest du Informationen zu zertifizierten Bio-Stoffen, mit denen du gleich loslegen kannst. Die Schnitte im Buch sind so ausgelegt, dass die Kleidung ein wenig mitwachsen kann.

NACHHALTIG LEBEN MIT KINDERN

Es ist kein Hexenwerk, mit Kindern in ein nachhaltiges Leben zu starten, sondern eine spannende Herausforderung für alle Beteiligten.

Als Familie nachhaltig zu leben, scheint erst mal ziemlich schwierig zu sein. Man denke an die ganzen Windeln, Feuchttücher, Wäscheberge, halb leer gegessene Teller, Kilometer an Küchenpapier, Fläschchen und Schnuller, das bruchsichere Geschirr, Obst-Quetschis, einzeln verpackte Süßigkeiten, und dann wachsen Kinder auch noch über Nacht aus ihrer kompletten Garderobe raus.

Doch wenn man die eingefahrenen Muster überdenkt, ist auf einmal doch ganz viel Veränderung zum Positiven möglich. Jeder Schritt zu mehr Nachhaltigkeit ist ein guter Schritt. Für jede Familie sind andere Schritte oder eine andere Reihenfolge sinnvoll. Denn auch die beteiligten Menschen und ihre Bedürfnisse sind wichtig. Wenn dein Baby sich nur mit dem Plastikschnuller beruhigt und den umweltfreundlichen Schnuller verweigert, dann ist das erstmal so. Du kannst es vielleicht in einigen Wochen noch einmal probieren. Und wenn deine geliebte Nascherei am Abend eines anstrengenden Tages ein einzeln verpacktes Schokoladenbonbon ist, dann genieße es! Vielleicht schaffst du es, die Menge zu reduzieren – dadurch reduziert sich auch schon der entstehende Müll. Vielleicht kannst du in einiger Zeit das Bonbon durch eine Tafel Schokolade ersetzen, von der du dir Stücke als „Ersatz-Bonbon" genehmigst. Hab kein schlechtes Gewissen und gehe eben erst mal andere „Nachhaltigkeits-Baustellen" an, die sich mit weniger Nervenaufwand verändern lassen. Ein paar dieser Baustellen möchte ich dir im Folgenden aufzeigen, aber sicher fallen dir schnell noch viel mehr Möglichkeiten ein, dein Leben und das deiner Familie nachhaltiger zu gestalten. Der erste Schritt ist nachdenken, um langfristig sein bisheriges Mindset zu verändern.

GROSS STATT KLEIN

Kleine Verpackungen oder gar einzeln verpackte Mini-Portionen verursachen viel mehr Müll, als eine große Packung. Also lieber die Großpackung Joghurt statt Mini-Becher, lieber Käse am Stück statt Käse fertig gerieben im Plastikbeutel, lieber die 1-Liter-Packung Saft statt Trinkpäckchen oder Quetschis.

STOFF STATT PAPIER

Sobald die Kinder am Tisch mitessen, steigt der Verbrauch an Küchenpapier schlagartig an. Aber muss das eigentlich so sein? Zu den Mahlzeiten kannst du auch einen Waschlappen bereitlegen, leicht angefeuchtet oder auch trocken. Damit können zwischendurch Hände und Mund abgewischt sowie auch das kleine Malheur beim Trinken aufgewischt werden. Papierservietten lassen sich super durch die Variante aus Stoff ersetzen. Sie sind schnell genäht und viel hochwertiger. Eine Runde in der Waschmaschine und schon sind Waschlappen und Servietten wieder einsatzbereit. Übrigens: Auch beim Bäcker kann man die Papier- oder Plastiktüte sparen! Brot und Brötchen fühlen sich auch in einem einfachen Säckchen aus Baumwollwebware sehr wohl. Nicht zu vergessen auch die Frischhalte- oder Alufolie. Schnell zur Hand, auf der praktischen Rolle, drumgewickelt und später ab in den Müll. Ein (selbst gemachtes) Wachstuch stattdessen ist genauso praktisch, sieht hübscher aus und kann wiederverwendet werden.

TIPP

Eine einfache Anleitung zum Wachstuch-Selbermachen findest du z. B. hier:
https://naehfrosch.de/bienenwachstuecher-selber-machen/
Du brauchst nur Baumwollwebware, Bienenwachspastillen, Backpapier und ein Bügeleisen!

GLAS ODER METALL STATT PLASTIK

Plastikflaschen sind unterwegs sehr praktisch – sowohl die Einweg- als auch die Mehrwegflaschen. Sie sind leicht, schnell gekauft und immer verfügbar. Aber wäre es nicht besser, für zu Hause auf die Glasvariante umzusteigen? Überlege mal, ob das wirklich so eine große Umstellung wäre. Ist das Tragen eines ganzen Kastens das Problem? Dann ist vielleicht ein Wassersprudler die Lösung? Für unterwegs gibt es tolle Trinkflaschen aus Glas oder Metall. Übrigens: Es gibt auch Babyfläschchen aus Glas oder Metall.

Noch eine Sache: Auch ich habe für die Kinder erst mal Unmengen an Plastik- und Melaningeschirr angeschafft, weil es bruchfest ist. Inzwischen würde ich das nicht mehr machen. Lieber günstige Gläser oder Trinkbecher aus Metall und echte Teller verwenden. Es gehört zum Leben dazu, dass auch mal etwas zu Bruch geht. Diese Erfahrung dürfen doch Kinder auch machen. Beim nächsten Mal alleine trinken klappt es dann schon besser. Wir Eltern sollten den bequemen Kaffee zum Mitnehmen lieber ersetzen durch einen Kaffee, den man direkt vor Ort trinkt oder wenigstens einen eigenen wiederverwendbaren Mitnahmebecher dabeihaben. Wie wäre es mal mit einem Einkauf in einem Unverpackt-Laden oder auf dem Wochenmarkt? Joghurt kommt bei uns nur noch im Glas in den Einkaufswagen – und zwar in der Naturvariante. Die Kinder mischen sich dann je nach Laune etwas Honig, Marmelade oder auch mal Schokostreusel drunter.

Tipp: Trinkflaschen kannst du unterwegs sogar oft kostenlos wieder befüllen! Auf unseren Reisen haben wir da besonders in Asien tolle Erfahrungen gemacht. Zum Beispiel in Indonesien und Singapur findet man an vielen öffentlichen Stellen Stationen zum Auffüllen von Trinkflaschen.

ÜBERBLICK STATT ÜBERFLUSS

Den Überblick zu behalten über alle Besitztümer, erleichtert ein nachhaltiges Leben. Geschenke im Voraus planen und mit Familie und Freunden abstimmen, reduziert schon mal einiges an Überflüssigem. Aber auch der Kleiderschrank der Kinder ist schnell überfüllt. Da hilft nur eines: aussortieren! Am besten regelmäßig, wenn die Kleinen in die nächste Größe gewachsen sind. Die übernommene, noch zu große Kleidung vom Nachbarskind wartet in einem Extrafach auf ihren Einsatz. So hat dein Kind nur die aktuell passenden Sachen griffbereit. Auch die Spielzeuge (gemeinsam mit dem Kind) mal durchzugehen, hat große Auswirkungen. Zum Minimalismus wird diese Maßnahme zwar nicht direkt führen, aber regelmäßig die nicht mehr altersgemäßen Spielsachen auszusortieren oder einen Teil der Spielsachen abwechselnd wegzupacken, damit sie wieder interessant werden, wird für Platz in den Spielkisten sorgen. Dein Kind hat sicher wieder mehr Lust zu spielen, wenn es nicht von dem chaotischen Überangebot erschlagen wird.

Tipp: Die zu klein gewordene Kleidung kannst du verkaufen, verschenken oder spenden. So gewinnst du Platz, Budget für den nächsten Kleidungskauf, und Zeit sparst du zudem, weil du nicht jeden Tag ausprobieren musst, welcher der 30 Pullis noch passt.

RESSOURCEN SPAREN STATT VERSCHWENDEN

Dieser Punkt betrifft eigentlich alles im Leben. Man nimmt nur so viel, wie man braucht, und lieber erst mal zu wenig. Ob das nun Seife, Lebensmittel oder Kleidung ist. Natürlich funktioniert das vor allem bei den Lebensmitteln nicht sofort. Grade kleine Kinder probieren viel aus (und das soll ihnen auch möglich sein), und dann bleibt auch mal mehr oder weniger übrig. Aber wenn wir die Dinge so selbstverständlich vorleben, dann werden auch die Kleinen sich bald so verhalten. Das Licht wird ausgemacht, wenn keiner im Raum ist. Das Wasser wird abgedreht, während des Einseifens – egal ob unter der Dusche oder am Waschbecken. Das Auto bleibt für kurze Strecken stehen, und man setzt sich lieber aufs Rad oder läuft.

NACHHALTIG WICKELN

Heutzutage hat man mehr als eine Option, sein Kind zu wickeln, und kann vieles ausprobieren, was am Anfang noch ungewöhnlich erscheint.

Gerade am Wickeltisch hat das Thema Nachhaltigkeit eine große Reichweite, denn hier fällt tendenziell viel Müll an. Auch im Geldbeutel wird sich das Umdenken bemerkbar machen. Dabei ist es eigentlich weniger ein Umdenken, als ein Zurückdenken. Unsere Mütter und unsere Großmütter haben da einige Sachen gut gelöst, die es sich (wieder) nachzumachen lohnt.

Einmalwickelauflagen sind für unterwegs immens praktisch – keine Frage! Doch überlege dir gut, ob du sie auch für zu Hause nutzen möchtest. Ist es nicht eigentlich Irrsinn, sich eine süße Wickelauflage anzuschaffen und sie dann mit einem hässlichen Plastikungetüm abzudecken? Damit der hübsche Schonbezug der (ab-)waschbaren Wickelauflage sauber bleibt? Besser wäre es, die Wickelauflage einfach abzuwischen oder den Schonbezug zu waschen. Du kannst auch prima ein Handtuch auf die Wickelauflage legen, dann liegt dein Kind komfortabel, und du kannst ganz schnell eine mögliche Überschwemmung aufhalten.

Zum Thema Feuchttücher – auch diese sind sehr praktisch, und ich möchte mir kein Mutterleben ohne sie vorstellen. Doch überlege mal, ob du sie wirklich in jeder Situation zücken musst. Grade zu Hause kannst du die empfindliche Babyhaut einfach und schlicht mit einem Waschlappen säubern. Ich meine hier nicht den Einmalwaschlappen, welcher direkt im Müll landet. Du kannst dir auch kleine Waschläppchen nähen, oder du benutzt große waschbare Abschminkpads. Eine Thermoskanne warmes Wasser und zwei kleine Dosen dazu, und du bist sogar für unterwegs gut ausgerüstet! Zumindest für das kleine Geschäft.

HINWEIS

Bei einem „Windelgate"-Vorfall kannst du ja trotzdem deine Feuchttücher zücken.

Wenn wir vom Wickeln reden, kommen wir um eine Sache nicht herum: die Windel an sich. Gibt es überhaupt nachhaltige Windeln? Zunächst sei mal gesagt, dass es Alternativen zur herkömmlichen Einwegwindel gibt. Eine Verbesserung ist zum Beispiel eine „Ökowindel", die es schon in vielen Drogeriemärkten gibt. Auch diese Windeln dürfen natürlich nicht in den Biomüll, egal ob kompostierbar draufsteht oder nicht, denn sie haben in der Regel auch noch chemische Bestandteile. Dafür sind sie aber aus Bio-Kunststoff und chlorfrei gebleicht. Manche werden sogar CO_2-neutral sowie lokal hergestellt, basieren auf nachwachsenden Rohstoffen und haben einen geringeren Kunststoffanteil. Eine weitere Alternative ist die Stoffwindel. Nicht gleich die Nase rümpfen! So furchtbar, wie man im ersten Moment denkt, ist das Ganze gar nicht. Moderne Stoffwindelsysteme sind durchaus komfortabel in der Anwendung. Es gibt so niedliche Höschen, die sich genauso schnell und einfach wechseln lassen wie die Einwegwindel. Es gibt Modelle, die dann komplett gewaschen werden oder Systeme mit Überhose und Einlage. Die Einlagen gibt es entweder waschbar oder als Einwegprodukt. Dann fällt zwar Müll an, aber deutlich weniger als bei klassischen Einwegwindeln. Natürlich gibt es auch die Möglichkeit, Stoffwindeln und Windelhöschen selber zu nähen.

ÖKO-WEGWERFWINDELN	STOFFWINDEL	STOFFWINDELN BEZUGSQUELLEN
Fairwindel	Blueberry	Stoffywelt
Pingo Swiss	Milovia	Windelmanufaktur
Eco by Naty	Petit Lulu	Blumenkinder.eu
Moltex Nature No. 1	Pop-In	Hug & Grow
DM Babylove Nature	Totsbots	Fratzhosen
Lillydoo	Smart Bottoms	Allerleiwindeln
Bambo Nature	Rumparooz	Stoffwind
Attitude Eco	GDiapers / Gnappies	
Beaming Baby	Avo & Cado	
Kit & Kin	Thirsties	
	Little Lamp	
	Disana	
	Best Bottom	

NACHHALTIGE KLEIDUNG FÜR KINDER

Einfach, praktisch und leicht zu waschen war schon immer wichtig bei Kinderkleidung, doch auch hier kann man an Nachhaltigkeit denken.

Kinderkleidung muss in erster Linie praktisch sein. Setzt man auf gute Qualität, kann man viele Stücke auch nochmal ausbessern, reparieren oder auch mal umfärben, wenn ein ganz hartnäckiger Fleck sich nicht entfernen lässt.

HINWEIS

Mit Gallseife habe ich gute Erfahrungen bei der Fleckenbehandlung gesammelt! Mit dem Seifenstück kann man Flecken gut vorbehandeln, bevor es in die Waschmaschine geht.

Wenn man darauf achtet, dass die Teile sich gut kombinieren lassen, braucht ein Kind viel weniger Kleidungsstücke. Oft hat man sonst hübsche Einzelstücke, die einfach nirgends dazupassen, und dann bleiben sie ungetragen im Schrank liegen. Gerade beim Selbernähen ist die Gefahr dafür groß, da die kunterbunten Kinderstoffe eine magische Anziehungskraft haben. Schon bei der Suche nach einem geeigneten Kombistoff oder Bündchen merkt man schnell, wie schwer die Sache mit dem Kombinieren wird.

Genauso sollte man auf den Geschmack des Kindes Rücksicht nehmen. Denn was das Kind mag, zieht es gern an. Klingt wieder einfacher, als es in der Realität ist, denn grade Kleinkinder ändern ihre Meinung oft. Aber wenn man zum Beispiel Hosen ohne oder mit dezentem Muster anschafft, dann kann man diese mit jedem bunten T-Shirt kombinieren.

Allerdings musst du auch nicht gleich eine durchgestylte Capsule Wardrobe für die Kleinen erarbeiten. Kinder dürfen ruhig ein bisschen bunter unterwegs sein und sich nach eigenem Geschmack anziehen. Spätestens in ein paar Monaten sind Kinder sowieso schon wieder aus allem rausgewachsen.

LANGLEBIGE KINDERKLEIDUNG

Kinderkleidung sollte mehr als nur ein Leben haben. Ob sie mitwächst oder ein anderes Kind glücklich macht, es gibt immer mehrere Optionen.

Kinder wachsen schnell. Das erste Jahr ist man eigentlich ständig am Kleidung aussortieren, später werden die Abstände zum Glück ein bisschen größer.

Bis dahin braucht man aber zahlreiche Kleidungsstücke. Die ersten werden grade mal ein paar Wochen getragen. Man will das frische Baby besonders hübsch anziehen, und zu ein paar süßen neuen Kleidungsstücken kann man prima gebrauchte Kleidung kombinieren.

Tipp: Kurzärmelige Kleidung wird oft nur im Hochsommer getragen und liegt ansonsten ungenutzt im Schrank. Ganzjahrestauglich wird ein T-Shirt aber ruckzuck, indem ein dünnes Langarmshirt darunter oder ein Cardigan darüber getragen wird. So holt man die „maximale Tragezeit" aus den Kleidungsstücken raus, bis sie schließlich zu klein werden.

Gebrauchte Kinderkleidung, gerade in den kleinen Größen, findet man auf vielen örtlichen Basaren, Flohmärkten oder auch im Internet zu kaufen oder zu tauschen. Oft wird Kleidung auch im Familien- und Bekanntenkreis weitergegeben. Hier darf man ruhig beherzt zugreifen! Für die „Abgeber" ist es eine Erleichterung, dass die schöne Kleidung nun einen neuen Träger findet und der Keller wieder ein Stück leerer wird. Das Weitergeben verlängert das Leben der Kinderkleidung, um es mal so auszudrücken.

Nachhaltig ist es auch, Kleidung zu reparieren und auszubessern. Der verlorene Knopf ist schnell ersetzt, am Knie kann ein Flicken aufgebügelt werden. Aus der ehemals langen Hose kann zur Not auch eine kurze Hose werden, und auch kaputte Reißverschlüsse an Jacken lassen sich oft austauschen.

Viele Kleidungsstücke, besonders selbst genähte, sind ein Stück weit auf Mitwachsen ausgelegt. Lange Bündchen werden zunächst umgeschlagen getragen. Pullis und Hosen können auch etwas großzügiger geschnitten sein, wenn Bündchen verhindern, dass der Stoff über die Hände oder Füße rutscht. So wachsen viele Kleidungsstücke eine oder sogar zwei Größen mit! Wie zum Beispiel die Hose RAS auf Seite 68.

Wenn man nähen kann, kann man Kleidung auch ganz leicht selbst verlängern:

An Hosen oder Pullis die Bündchen abtrennen und durch längere ersetzen.

An Schlafanzügen mit Fuß diese abschneiden und lange Bündchen annähen.

An Bodys den Hosenteil abtrennen und ein Bündchen ansetzen, sodass er als Shirt weiter tragbar ist.

ZERO-WASTE-KINDERKLEIDUNG

Mit verschiedenen Stoffresten kann man wunderschöne Patchwork-Kleidung erschaffen und zum Designer für das eigene Kind werden.

Nähen für Kinder (oder sich selbst) bedeutet aber nicht nur ausbessern, reparieren oder verlängern. Natürlich macht es viel Spaß, auch neue Stücke zu erschaffen und dabei kreativ zu sein!

Neben dem Verwenden „guter" Stoffe, also von guter Qualität, nachhaltig und mit Siegel, gibt es noch eine Menge Rohstoffe, die man guten Gewissens benutzen kann: aussortierte (Erwachsenen-)Kleidung und Stoffreste! Aus Mamas zu kurzem T-Shirt kann noch ein Kinder-Shirt werden. Die alte Jeans wird zur coolen Hose (z.B. die Hose COCOK von Seite 72) für den Nachwuchs. Vielleicht hast du auch mehrere Jeans, und diese reichen für die Latzhose SATU von Seite 100. Aus den nicht mehr getragenen Hemden und Blusen lässt sich noch ein schicker Rock BARU von Seite 78 zaubern. Bestimmt fallen dir noch viel mehr Projekte ein!

Die Stoffreste noch mal genau anzusehen lohnt ebenfalls. Der eine Stoff reicht vielleicht nicht mehr für ein ganzes Shirt, aber bunt kombiniert mit anderen Stoffstücken aus der Restekiste wird daraus ein wunderbares „Patch"-Shirt. Dafür eignen sich Schnittmuster, die entweder schon eine Teilung haben, wie z.B. Shirt KEREN auf Seite 58, oder du teilst einen Schnitt deiner Wahl einfach selbst. Wichtig ist dabei, Nähte, die quer über ein Kleidungsstück laufen, sollten elastisch sein. Mit Längsteilungen kannst du dehnungsmäßig nichts falsch machen.

Shirt
KEREN

Hose
COCOK

MATERIALIEN

STOFFE

Den richtigen Stoff zu finden ist manchmal gar nicht so leicht, besonders wenn er nicht nur schön, sondern auch nachhaltig sein soll.

Wer selber näht, steht vor einer schier unendlichen Auswahl an Stoffarten. Nach eigenem Geschmack und Vorlieben kann das Nähprojekt individuell umgesetzt werden. Dabei hat jedes Material seine ganz eigenen Eigenschaften, die es zu beachten gilt. Schnell lässt man sich grade als Nähanfänger von den vielen Mustern und den verschiedenen Bezeichnungen ablenken. Damit du dir Frust beim Nähen der folgenden Modelle durch die falsche Stoffwahl ersparst, findest du hier einen Überblick über geeignete Stoffarten.

Im Großen und Ganzen unterscheidet man erst mal zwischen dehnbaren und nicht dehnbaren Stoffen – Webwaren und Maschenwaren. Allgemein lässt sich sagen, dass Kleidung aus dehnbaren Stoffen meist ohne Reißverschluss oder Knöpfe auskommt, undehnbare Stoffe hingegen brauchen oft einen Reißverschluss oder einen Gummibund.

Webware bedeutet, dass der Stoff gewebt wird. Es gibt bei der Herstellung Kett- und Schussfäden, die werden überkreuzt, immer von einer Seite (der Webkante) zur anderen, und wenn man das lange genug macht, entsteht ein Stück Stoff. Die Kettfäden sind die gespannten Fäden (der Fadenlauf!), durch die die Schussfäden gewebt werden.

Für Maschenwaren wird der Faden zu einer Schlinge gelegt, in die immer wieder eine Schlinge gelegt wird. Der Stoff wird also mit Maschen gebildet (gestrickt) und nicht gewebt. Dadurch erhält Maschenware eine höhere Elastizität also Dehnbarkeit als Webwaren.

Bei Maschenwaren kann man zwischen Strickwaren und Wirkwaren unterscheiden. Der Unterschied besteht darin, dass bei Strickwaren eine Masche nach der anderen gebildet wird, ob auf Maschinen oder per Hand mit Stricknadeln, Wirkwaren dagegen können nur maschinell hergestellt werden. Hier werden mit einem oder mehreren Fäden mehrere Maschen auf einmal gebildet. Dadurch ist Wirkware weitestgehend laufmaschenfest. Nylon für Strumpfhosen ist zum Beispiel eine Wirkware. In den Eigenschaften und der Optik ähneln sich Strickwaren und Wirkwaren sehr.

JERSEY

Jersey ist der typische dehnbare Stoff um Kleidung, besonders auch Babykleidung, zu nähen. Bei Jersey sollte man immer auf das Gewicht und den Fall achten, da es erhebliche Unterschiede gibt und sich die Qualitäten für unterschiedliche Projekte eignen.

SWEAT

Sweat ist ein guter Stoff, da er sich wesentlich weniger einrollt als Jersey. Vor allem in der kühleren Jahreszeit erfreut er sich großer Beliebtheit. Sommersweat oder French Terry ist auf der Rückseite nicht angeraut und somit dünner als Sweat. (Winter-)Sweat ist auf der Rückseite angeraut und somit weich, fast schon kuschelig auf der Innenseite. Bei Sweat gilt es unbedingt zu beachten, dass es dehnbaren und wenig bis gar nicht elastischen Sweat gibt! Manche Sweats sind längselastisch statt querelastisch – Jersey ist querelastisch. Ist hier im Buch von einem „elastischen Sweat" die Rede, ist stets ein querelastischer Sweat gemeint.

STRICK

So bezeichnet man allgemein die Stoffe, die „wie gestrickt" aussehen. Meist mit größeren Maschen und ribbeln sich gerne an den Schnittkanten auf, deshalb ist es wichtig sie gut zu versäubern. Feinstrick sieht sehr fein und schick aus. Er hat meist einen weichen Fall und eignet sich hervorragend für leichte Kleidungsstücke. Grobstrick bezeichnet die Strickstoffe, die etwas derber sind.

BÜNDCHEN-STOFF

Gibt es meistens als Schlauchware in unterschiedlichen Breiten zu kaufen. Bündchen benutzt man für Ärmel oder Saumbündchen oder um einen Ausschnitt einzufassen.

NICKI-STOFF

Nicki ist ein samtiger Stoff, den man gerne mal mit weichen Babystramplern in Verbindung bringt. Nicki bietet das weiche Gefühl von Samt, hat aber gleichzeitig die Dehnbarkeit, die Kleidungsstücke so bequem macht.

BAUMWOLLWEBWARE

Sie besteht (zumindest zu Teilen) aus Baumwollfasern. Dabei ist entscheidend, wie dick oder dünn die verwendeten Fäden gesponnen sind. Popeline ist zum Beispiel recht steif und fest im Griff und eignet sich eher für Hosen, während dünnere Baumwollwebware sich für luftige Kleidungsstücke eignet.

EANS/DENIM

Die typische Musterung von Jeans entsteht durch die Webtechnik, bei der gefärbte und ungefärbte Fäden gekreuzt werden. Jeans ist meistens robust und eignet sich – natürlich – für Hosen. Dünne Jeansstoffe eignen sich auch gut für Kleider.

ORDSTOFF

Bei Cord kommt zum Kett- und Schussfaden noch ein Faden hinzu, der in Schlaufen oben rausschaut. Die Schlaufen werden dann in unterschiedlichen Höhen aufgeschnitten, und so entsteht die typische Rippenstruktur. Normaler Cord hat meist recht breite Rippen, Babycord ist ganz fein gerippt.

ROTTEE

Frottee ist ein voluminöses Gewebe mit Schlingen an der Oberseite, das viel Feuchtigkeit aufnehmen kann. Daher werden daraus gerne Handtücher oder Babylätzchen gefertigt.

USSELIN

Musselin ist ein feiner, locker gewebter Stoff, bei dem zwei oder drei Lagen punktuell miteinander verbunden werden. Durch die Luftpolster zwischen den Lagen fühlt er sich fluffig an. Je mehr man ihn wäscht, desto weicher und krinkeliger wird er. Traditionell findet man Musselin bei Spucktüchern und Windeln. In letzter Zeit wurde es ein absoluter Trendstoff für Babybekleidung, aber auch ein Stoff für Erwachsene, die gerne große Dreieckstücher sowie Schals tragen.

EINCORD-JERSEY

Dieser Cordstoff hat einen Elasthan-Anteil, welcher für die besondere Elastizität des Stoffes sorgt. Er fühlt sich samtig an und hat die typische Cord-Optik. Mit diesem Stoff kannst du Oberteile, Hosen oder Röcke nähen.

TEPPSTOFF

Steppstoff zeichnet sich durch den besonderen Aufbau aus. Es werden in der Regel drei Lagen durch Steppnähte miteinander verbunden: Oberstoff, Einlage bzw. Wattierung und Futterstoff. Sind Ober- und Futterstoff verschieden, hat man einen Doubleface-Stoff.

GÜTESIEGEL

Man sollte immer wissen, was man kauft und ob es den eigenen nachhaltigen Ansprüchen genügt.

Auch im Textilbereich gibt es immer mehr Siegel, doch für jedes liegen andere Kriterien zugrunde. Nachhaltig produzierte Stoffe werden mit einem Zertifikat oder Gütesiegel gekennzeichnet, wenn diese nachhaltigen, sozialen, umweltfreundlichen und fairen Standards entsprechen. Für unsere Kleinen wollen wir nur das Beste verwenden, deshalb möchte ich dir ein paar Gütesiegel und Zertifikate für Bio-Stoffe vorstellen.

OEKO-TEX® STANDARD 100

Das Zertifikat berücksichtigt die Konzentration von Schadstoffen in Garnen und Stoffen. Textilien erhalten dieses Label, wenn sie nachweisbar keine gesundheitsbedenklichen Chemikalien enthalten.

FAIRTRADE COTTON

Das Siegel für Baumwolle kennzeichnet Rohbaumwolle, die unter fairen Bedingungen angebaut und gehandelt wurde.

HINWEIS

Die im Buch verwendeten Stoffe sind alle OEKO-TEX® STANDARD 100 zertifiziert. Bezugsquellen findest du auf Seite 126.

GLOBAL ORGANIC TEXTILE STANDARD (GOTS)

Das Siegel mit dem weißen Hemd auf grünem Grund steht für strenge ökologische Kriterien entlang der ganzen Produktionskette. Es ist weltweit anerkannt für die Verarbeitung von Textilien aus zertifiziert biologisch erzeugten Naturfasern. Nur textile Produkte, die aus mindestens 70 % oder 95 % kontrolliert biologischen Rohfasern hergestellt wurden, können nach GOTS zertifiziert werden. Die Verwendung von gefährlichen Chemikalien ist ebenso untersagt wie zum Beispiel Kinderarbeit. Der GOTS erfüllt hohe Sozialstandards entlang der gesamten Lieferkette.

IVN NATURTEXTIL ZERTIFIZIERT BEST

Das Siegel wird vom Internationalen Verband der Naturtextilwirtschaft e. V. (IVN) vergeben und garantiert die umweltverträgliche und sozial verantwortliche Herstellung sowie Verarbeitung von Naturfaser-Textilien aus 100 % Naturfasern.

GRÜNER KNOPF

Hierbei handelt es sich um ein staatliches Siegel für nachhaltige Textilien, das insgesamt 46 Sozial- und Umweltkriterien voraussetzt, damit Textilien dieses Siegel tragen dürfen. Der Einsatz gefährlicher Chemikalien und Weichmacher ist zum Beispiel ebenso untersagt wie Kinder- und Zwangsarbeit.

GRUND AUSSTATTUNG

STECKNADEL
& STOFFCLIPS
MASSBAND
& HANDMASS
BÜGELEISEN
SICHERHEITSNADELN
NAHTTRENNER
STOFFMARKER
& KREIDE
ROLLSCHNEIDER
& SCHNEIDEMATTE
SCHEREN

NÄH GRUNDLAGEN

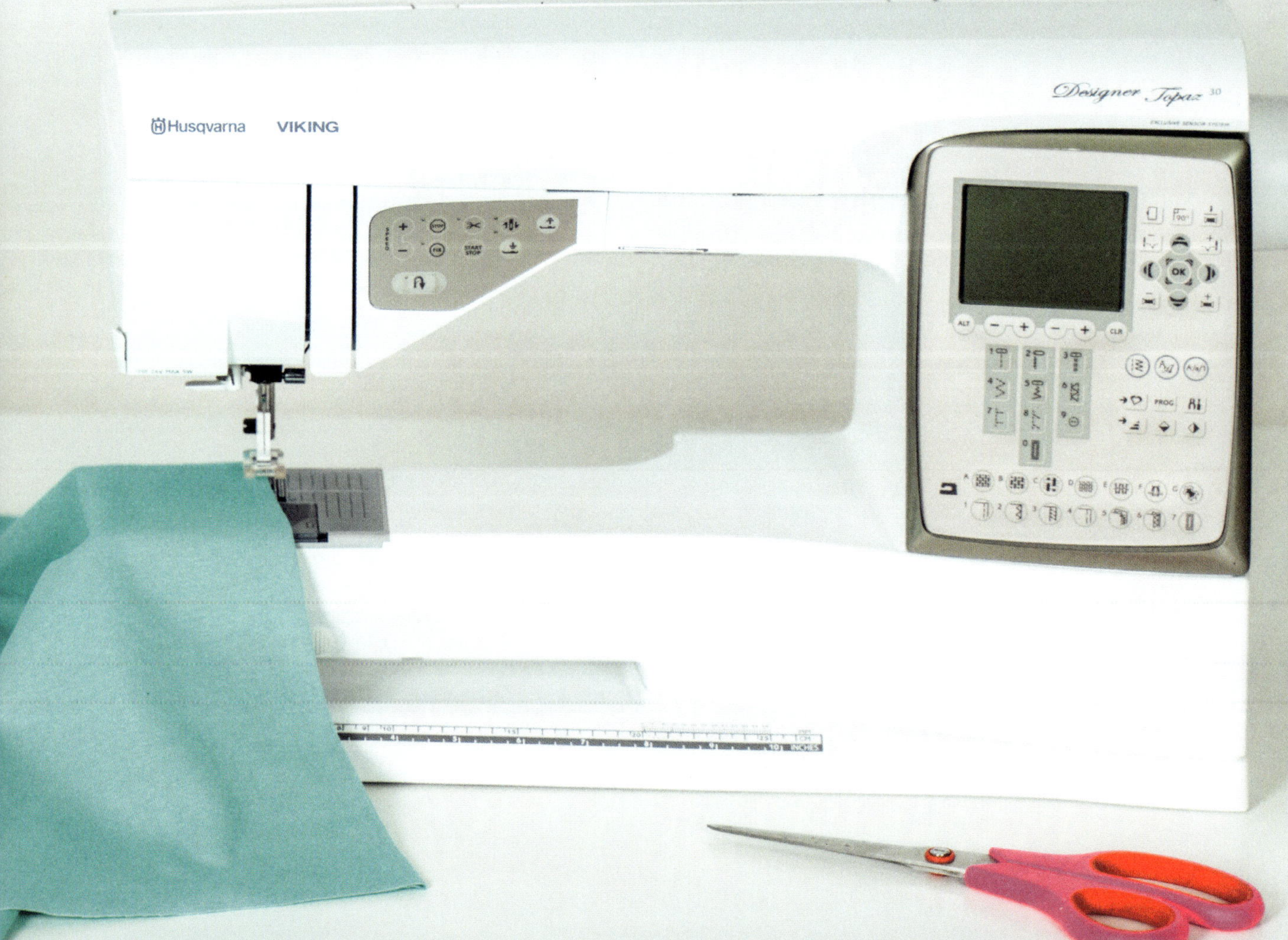

NÄHMASCHINE

Ob geerbt oder gekauft, sie ist ein absolutes Must-have, um nachhaltige Kindermode selbst zu nähen oder Kleidung auszubessern.

Du brauchst nicht das teuerste High-End-Modell und nicht Unmengen an Zierstichen. Eine solide Haushaltsnähmaschine, bei der sich die Geschwindigkeit über das Pedal regulieren lässt und die einen sauberen Gerad- und Zickzackstich hat, reicht aus. Grade beim Nähen von elastischen Stoffen ist ein guter elastischer Stich von Vorteil, und für Jersey ist eventuell ein Obertransportfuß sehr praktisch, wenn sich der Nähfußdruck nicht einstellen lässt.

Tipp: Nicht außer Acht lassen solltest du Reparatur und Garantie. Ein Markengerät lässt sich wahrscheinlich besser wieder instand setzen als eine No-Name-Maschine zum Schnäppchenpreis. Für ein neueres Modell findest du in der Regel auch noch Ersatzteile, was beim Erbstück der Uroma schon schwieriger wird. Eine lange Garantie kann auch das Zünglein an der Waage sein, um sich doch für das etwas teurere Modell zu entscheiden, das eben dadurch nachhaltiger ist.

Tipp: Wenn du die Möglichkeit hast, irgendwo einen kleinen Tisch hinzustellen und die Nähmaschine darauf stehen zu lassen, dann würde ich dir das empfehlen. Du wirst die Maschine so viel öfter und lieber benutzen, als wenn du sie erst aus dem Keller raufholen musst, alles aufbauen und später wieder wegräumen musst.

NÄHEN MIT DER NÄHMASCHINE

Es ist noch kein Meister vom Himmel gefallen! Im Buch zeige ich dir Schritt für Schritt, wie man die verschiedenen Kleidungsstücke näht. Zusätzlich erkläre ich dir viele Grundlagen und Techniken. Doch all die Theorie hilft nur, wenn du sie in die Praxis umsetzt. Üben ist angesagt! Wahrscheinlich wird der ein oder andere Fehler passieren, doch beim nächsten Stück wird es schon besser sein.

Tipp: Nachhaltigkeit in allen Ehren, aber das alte Nähgarn aus Omas Nähkästchen ist aufgrund des Alters vermutlich genauso wenig für langlebige Nähstücke geeignet wie das billige No-Name-Garn aus dem Discounter. Setze bei Garn lieber auf die gängigen Marken wie z. B. Ackermann, Gütermann oder Madeira.

GERADSTICH / STEPPSTICH

Am häufigsten wird dieser gerade Stich beim Nähen verwendet. Mit ihm kannst du Stofflagen zusammennähen oder etwas absteppen. Zum Nähen (zusammennähen und absteppen) eignet sich eine mittlere Stichlänge. Zum Heften und Kräuseln kannst du eine lange Stichlänge einstellen.

Tipp: Um Ecken oder auch Rundungen besser nähen zu können, kannst du die Nadel im Stoff stecken lassen und das Nähgut bei angehobenem Nähfuß etwas weiterdrehen. Anschließend kannst du den Nähfuß wieder senken und ganz normal weiternähen.

Tipp: Für dehnbare Stoffe benötigst du einen elastischen Stich zum Zusammennähen. Wenn deine Nähmaschine keinen speziellen elastischen Stich wie z. B. Elastik-Stich oder Tricot-Stich hat, kannst du auch einen 3-fachen Zickzack-Stich verwenden. Dieser ist elastischer als ein reiner Geradstich.

ZICKZACK-STICH

Schnittteile lassen sich mit dem Zickzack-Stich der Nähmaschine versäubern. Hierbei wird immer ein Stich in die Nahtzugabe und der nächste Stich knapp neben der Stoffkante „ins Leere“ gesetzt.

Tipp: Ein Overlock-Füßchen für die Nähmaschine erleichtert das Versäubern von dehnbaren Stoffen. Dieser Fuß verhindert das Einrollen des Stoffrandes durch eine seitliche Kante und sorgt so für einen sehr sauberen Abschluss. In der Mitte des Nähfußes befindet sich ein Steg. Beim Nähen wird über diesen das Garn gelegt und somit die Fadenmenge erhöht.

HINWEIS

Achte stets auf die passende Nadel zum Stoff! Verwende z. B. für Webwaren eine Universalnadel und für Jersey und Sweat eine Jerseynadel.

OVERLOCK

Eine Overlock ist eigentlich eine Maschine für den Industriebereich, die sich seit einigen Jahren aber auch in der Hobbyszene großer Beliebtheit erfreut. Denn eine Overlock erleichtert die Verarbeitung von dehnbaren Stoffen ungemein.

WAS MACHT EINE OVERLOCK?

Eine Overlock kann zusammennähen, den Rand ordentlich abschneiden und versäubern – alles in einem Arbeitsschritt! Dabei umschlingen die Fäden die Stoffkante. Die Overlock ist ein echtes Arbeitstier und „frisst" sich durch Kilometer von Stoff. Sie ist eine effiziente Spezialmaschine, mit der es richtig Spaß macht, Kleidung zu nähen! Folgende Dinge kannst du mit einer Overlock tun:

- **2 Lagen Stoff (insbesondere dehnbare Stoffe) zusammennähen, den Rand versäubern und dabei sauber schneiden**
- **Versäubern und schneiden in einem Arbeitsgang**
- **Versäubern ohne schneiden, wenn du die Messer deaktivierst**
- **Einen schmalen Rollsaum nähen**
- **Flatlock-Naht (sichtbare dekorative Naht, die sich durch Auseinanderziehen des Stoffes ergibt)**

Info: Ist eine Overlock teuer? Auch die günstigen Modelle haben in der Regel ein ganz passables Stichbild und nähen zuverlässig. Je mehr man ausgibt, desto mehr Komfort erkauft man sich in der Regel. Das zeigt sich zum Beispiel in der deutlich reduzierten Lautstärke, besserem Stichbild und einfacherem Einfädeln durch bessere Erreichbarkeit der entscheidenden Stellen.

Eine Coverlock erweitert deinen Nähmaschinenpark um eine weitere Funktionalität. Sie näht dehnbare Säume, und sie kann mit dem passenden Equipment Kanten (z. B. am Ausschnitt) einfassen. Wie eine Overlock verkettelt die Coverlock die Fäden miteinander – aber nur auf der Unterseite des Stoffes. Auf der Oberseite näht sie parallel gesetzte Stiche. Im Gegensatz zu einer Overlock näht die Coverlock also nicht an der Kante entlang, sondern AUF dem Stoff.

OVERLOCK-/COVERLOCK-NADELN:

Overlock- und Coverlock-Nähmaschinen benötigen eigene Nadeln. Erkennbar sind diese an der Bezeichnung ELx705. Bei Singer und Pfaff setzt man auf folgende Bezeichnungen: 2022, 2053 und 2054. Die Nadeln haben häufig eine zweite Fadenrinne. Zudem ist der Schaft verstärkt, um der schnelleren Nähweise der Maschinen standhalten zu können. Die Spitze ist ebenfalls leicht abgerundet. Damit die Nadeln möglichst lange halten, sind Overlocknadeln besonders beschichtet, häufig mit Chrom. Ein genauer Hinweis, welche Nadeln notwendig sind, findest du auch in der Anleitung der Maschine.

BÜGELEINLAGEN

Sobald appliziert wird, Knopfleisten oder Belege verwendet werden, sollte man Bügeleinlagen in Betracht ziehen. Am weitesten verbreitet sind die Produkte von Vlieseline.

Vliesofix: Beidseitig aufbügelbare Einlage. Zum Applizieren von Gewebe auf Gewebe, also z. B. Baumwollwebware auf Baumwollwebware.

Stretchfix: Beidseitig aufbügelbare Einlage für dehnbare Stoffe. Zum Applizieren von Maschenware auf Maschenware. Im Gegensatz zu Vliesofix bleibt die Applikation schön elastisch. Am besten auf der Rückseite des Nähstücks die H609 aufbügeln oder Stickvlies verwenden, bevor man das Motiv umnäht.

H609: Universalbügeleinlage für Dehnbares. Eine bi-elastische Bügeleinlage für Maschenware. Eignet sich z. B. für Knopfleisten oder stabilisiert die Rückseite von Jersey, damit beim Applizieren problemlos umnäht werden kann.

279 Cotton Mix: Bügelt man diese Einlage auf Jersey auf, fühlt er sich wie Sweat an. Eignet sich dafür, Jersey „dicker" zu machen, um daraus z. B. gefütterte Mützen oder Schals zu nähen. Das Cotton Mix liegt dann zwischen zwei Jersey-Schichten.

H250: Ein Universalvlies, welches aufgrund der verwendeten Haftmasse für Bekleidung nicht gut geeignet ist und nicht zum Nähen verwendet werden sollte.

TIPPS UND TRICKS FÜR BÜGELEINLAGEN

Beim Zuschneiden der Bügeleinlagen muss auf den Fadenlauf geachtet werden, damit sich das verstärkte Stück später nicht verzieht oder verdreht. Einfach an der Webkante orientieren, denn diese liegt seitlich, und der Fadenlauf ist senkrecht.

Aufbügeln am besten mit einem Bügeleisen mit durchgehender Sohle und mit einem feuchten Tuch.

Vorsicht bei bestimmten Bügelbrettbezügen, diese können die Hitze „spiegeln", und das kann Probleme bringen. Wenn z. B. ein Stück nur von links vorsichtig gebügelt werden darf, aber die Hitze von unten auf die rechte Seite reflektiert.

Das gebügelte Stück muss erstmal eine Weile ruhen und gut auskühlen, damit die Haftmasse ihre volle Klebekraft entfalten kann. Kleine Teile sollte man schon mal 30 Minuten liegen lassen, großflächigere Sachen gern auch mal über Nacht. So löst sich später nichts mehr ab.

Je kleiner der Punkt (Haftmasse) auf der Einlage, desto feiner sollte der Stoff sein. Denn große Punkte können bei feinen Stoffen „durchschlagen", während kleine Punkte bei grobem Stoff einfach nicht halten.

DIE RICHTIGE GRÖSSE FINDEN

Die Maße orientieren sich nach den gängigen Konfektionsgrößen und fallen größengerecht aus. Wähle die Größe entsprechend der Körpergröße und des Brustumfangs aus. Eine Längenanpassung ist bei den meisten Schnitten leicht möglich.

MASSTABELLE (ALLES IN CM)

	50	**56**	**62**	**68**	**74**	**80**	**86**	**92**	**98**	**104**
Körpergröße	50	56	62	68	74	80	86	92	98	104
Kopfumfang	38	39,7	41,5	43,2	45	46,7	47,6	48,6	49,5	50,4
Brustumfang	40	42	44	46	48	50	51,5	53	54,5	56
Hüftumfang	41	43	45	47	49	51	53	55	57	59

HINWEIS

Du schwankst zwischen zwei Größen? Näh die größere. Kinder wachsen schnell!

RICHTIG MASS NEHMEN

Wenn Kleidung gut sitzt, macht das Tragen noch mehr Freude. Daher ist richtig Maßnehmen ein unerlässlicher Schritt.

Um die richtige Größe zu ermitteln, ist das Maßnehmen wichtig. Damit die Werte optimal gemessen werden können, sollten die Kleinen beim Maßnehmen am besten nur Unterwäsche tragen. Der Brustumfang wird an der stärksten Stelle gemessen. Der Hüftumfang wird an der stärksten Stelle über dem Po gemessen. Diese beiden Maße sind neben der Körpergröße die beste Orientierung für die Wahl der Größe.

TIPP: GRÖSSENANPASSUNG

Manchmal brauchen Kinder in der Länge eine andere Größe als in der Breite. Viele Schnittmuster kannst du ganz einfach selbst anpassen: Wähle z. B. in der Breite Größe 68 und in der Länge Größe 74, dann erhältst du ein längeres, schmales Kleidungsstück. Oder du wählst in der Länge Größe 62 und erhältst ein weites Kleidungsstück, welches mehr Raum bietet für Babyspeck.

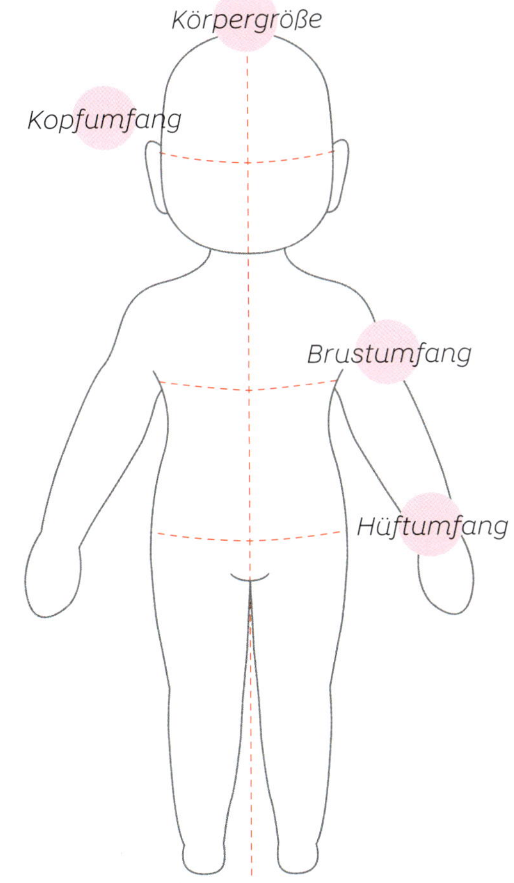

SCHNITTMUSTER LESEN

Jedes Nähprojekt beginnt mit dem Lesen des Schnittmusters. Dabei erfährst du alles, was du zum Nähen wissen musst. Zum Beispiel welche Schnittteile du wie oft benötigst und auf welchem Schnittbogen du diese finden kannst.

SCHNITTMUSTERMARKIERUNGEN

Auf den Schnittmustern des beiliegenden Schnittmusterbogens findest du unterschiedliche Symbole und Bezeichnungen. Übertrage alle Markierungen, sie helfen dir später beim Nähen.

STOFFBRUCH

So nennt man die Kante, an welcher der Stoff im Fadenlauf gefaltet wird. An dieser Faltkante legt man das Schnittmuster an und schneidet so ein zusammenhängendes Teil zu. Der Fadenlauf ist immer parallel zur Webkante. Am Bruch gibt man keine Nahtzugabe.

FADENLAUF

Der Pfeil im Schnittmuster kennzeichnet den Fadenlauf. Achte darauf, das Schnittteil immer entsprechend des Fadenlaufs zuzuschneiden. Der Fadenlauf beschreibt die Richtung der Kettfäden eines textilen Gewebes. Du kannst ihn leicht erkennen: Die festeren Webkanten an den Seiten deines Stoffstückes verlaufen in der gleichen Richtung wie der Fadenlauf.

KNIPSE/PASSZEICHEN

Die kleinen Markierungen, sogenannte Knipse oder Passzeichen, solltest du unbedingt mit auf den Stoff übertragen. Diese helfen dir, den Schnitt passgenau zusammenzunähen. Du kannst die Knipse mit einem kleinen Einschnitt innerhalb der Nahtzugabe kennzeichnen oder mit einem Marker/Kreide anzeichnen.

KNOPFPOSITION

Dieses Symbol zeigt die Position eines Knopfes an. Übertrage es mit einer Stecknadel oder Schneiderkreide/Trickmarker.

HINWEIS

Die Schnitte von Nähfrosch tragen alle indonesische Namen. Denn ich bin mit einem Halb-Indonesier verheiratet und liebe es, mit der Familie dorthin zu reisen.

WEBKANTE

Bei Jersey ist dieser Begriff etwas irritierend, da dieser nicht gewebt, sondern gestrickt oder gewirkt ist. Es handelt sich bei den Webkanten um die seitlichen Kanten des Stoffes. Also die Kanten, an denen der Stoff nicht im Geschäft abgeschnitten wurde, sondern die „fest" sind. Die Webkante ist bei den meisten Stoffen einige Zentimeter breit und steifer als der Rest des Stoffes. Einige Hersteller vermerken auf der Webkante die Namen der Designer sowie die Pflegehinweise.

DOPPELTE STOFFLAGE/GEGENGLEICH

Der Stoff wird gefaltet, sodass er doppelt liegt, und der Schnitt wird dann aufgelegt. Hierdurch entstehen bei einem Zuschnitt gleich zwei gespiegelte Teile.

RECHTS AUF RECHTS

Das bedeutet, beide rechten Stoffseiten liegen aufeinander. Bei bedruckten Stoffen ist dies die schönere Stoffseite. Bei Stoffen wie z. B. Jersey ist es üblicherweise die Seite mit den rechten Maschen. Diese sehen aus wie ein feines Zopfmuster. Die Maschen der linken Stoffseite sehen aus wie Schlaufen.

GRÖSSENLEGENDE

Bei jedem Schnittteil zeigen unterschiedliche Linien die verschiedenen Kleidergrößen an. Die Größenlegende sagt dir, welche der Linien du brauchst.

HINWEIS

Du bist dir unsicher, welche Seite die rechte Seite ist? Schneide einen Streifen von deinem Jersey ab und ziehe dran: Ist der Streifen quer zum Fadenlauf geschnitten, so rollt sich die Kante des Jerseys üblicherweise nach links.

SCHNITTMUSTER ÜBERTRAGEN

Pause das Schnittmuster vom Schnittbogen auf Papier oder Folie ab. Achte darauf, dass du alle Linien, nötigen Markierungen und Hinweise korrekt übernimmst. Schneide die Schnittmusterteile dann aus.

ZUSCHNITT

Lege die Schnittmusterteile auf deinen Stoff. Beachte unbedingt den Fadenlauf. Teile, die im Bruch zugeschnitten werden müssen, legst du direkt an der Bruchkante an und schneidest sie doppellagig zu – später kannst du den Stoff aufklappen und hast ein symmetrisches Teil. Teile, die gegengleich zugeschnitten werden müssen (z. B. Ärmel), legst du mit etwas Abstand zur Bruchkante auf den Stoff und schneidest sie rundherum doppellagig aus. So erhältst du zwei spiegelbildliche Teile.

Übertrage alle Markierungen mithilfe von Schneiderkreide, Marker oder Stecknadeln auf den Stoff.

Die Schnitte im Buch enthalten keine Naht- oder Saumzugaben. Du musst also selbst rundherum 0,7–1 cm Nahtzugabe geben, auf der du dann nachher nähst. Als Saumzugabe empfehle ich dir 2–4 cm zuzugeben. Die gängigsten Nähabkürzungen im Buch sind VT für Vorderteil, RT für Rückteil und NZ für Nahtzugabe.

HINWEIS

Bitte lies dir die Einleitung und die entsprechenden Anleitungen vor dem Zuschnitt einmal komplett durch.

NÄHEN UND VERSÄUBERN

Nähmaschine, Stoff, los geht's! Damit du nicht nur Bahnhof verstehst, erkläre ich dir hier ein paar grundlegende Nähbegriffe, damit die Anleitungen leichter verständlich sind.

VERSÄUBERN

Versäubern ist besonders bei gewebten Stoffen notwendig. Jersey und Sweat brauchst du in aller Regel nicht extra zu versäubern. Nahtzugaben und Säume kannst du auf verschiedene Weise versäubern: Mit Zickzack-Stich oder mit der Overlock.

HINWEIS

Vor dem Säumen kannst du das Kleidungsstück anprobieren lassen. So kannst du die Länge noch ein wenig anpassen.

SÄUMEN

Je nach Stoffart kannst du erst einmal die Kante versäubern. Bei Jersey und Sweat ist dies nicht nötig. Klappe deine Saumzugabe auf die linke Seite ein, stecke sie gut fest und bügle diese. Nähe am Saum entlang. Verwende zum Nähen des Saums unbedingt einen sehr dehnbaren Stich, z.B. einen 3-fach-Zickzack.

VERRIEGELN

Am Anfang und Ende einer Naht wird diese verriegelt, damit sie nicht mehr aufgehen kann. Dazu wird ein Stück vor- und zurückgenäht.

ABSTEPPEN

Nähe auf der rechten Stoffseite entlang einer Naht oder Stoffkante. Dadurch wird die Nahtzugabe innen festgenäht.

WEITER GEHT'S ▶

HINWEIS

Mit Schrägband lassen sich aufgesetzte Taschen einfassen, aber z. B. auch die Kante eines Rocks statt zu säumen.

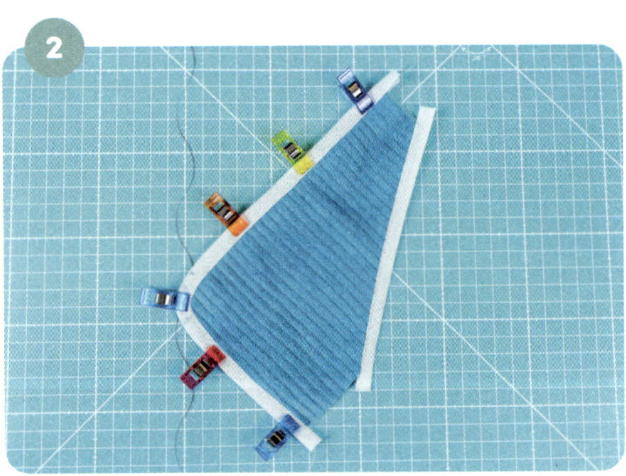

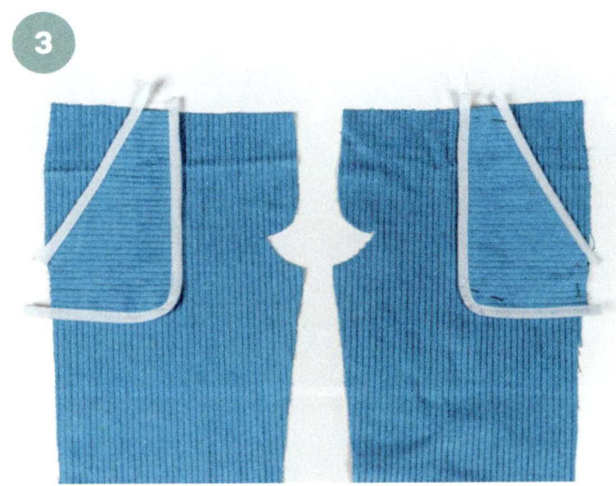

EINFASSEN MIT SCHRÄGBAND

1. Lege ein Stück des aufgeklappten Einfassbandes rechts auf rechts bündig an die Stoffkante, stecke das Band fest und nähe das Band an, knapp unter der ersten Falzlinie.
2. Klappe dann das Band um die Stoffkante herum und stecke es wieder gut fest. Nun liegen insgesamt vier Lagen Schrägband und eine Lage Stoff aufeinander.
3. Dann durch alle Stofflagen hindurch knappkantig feststeppen.

WENDEÖFFNUNG SCHLIESSEN

Eine Wendeöffnung kannst du auf zwei Arten schließen. Wenn der Rand sowieso abgesteppt wird, schlage die Nahtzugabe nach innen ein und schließe die Öffnung beim Umnähen.

Wenn man die Öffnung später nicht sehen soll, musst du per Hand mit einer Nähnadel die Öffnung schließen. Dies geht mit dem Matratzenstich.

1. Fädle Garn in eine Handnähnadel, lege es doppelt und verknote es am Ende. Lege die Nahtzugaben an der Wendeöffnung ordentlich nach innen und bügle sie gut. Der erste Stich geht von innen nach außen, direkt durch die Bügelkante. Nun arbeite dich in 2–3 mm Stichen vor. Stich mit der Nadel in die Kante ein und genau gegenüber in die andere Kante, immer von unten nach oben, von oben nach unten. Deine Stiche sehen aus wie eine kleine Leiter.

2. Durch Ziehen am Faden erhältst du eine unsichtbare Naht. Es sieht dann so aus, als wären die Stoffteile verstürzt worden. Vernähe den Faden am Ende.

BÜNDCHEN ANNÄHEN

Bündchen gibt es meistens als Schlauchware in unterschiedlichen Breiten. Man benutzt sie für Ärmel oder Saumbündchen oder um einen Ausschnitt einzufassen. Hier zeigen wir euch, wie ihr diese herstellt und einnäht.

1

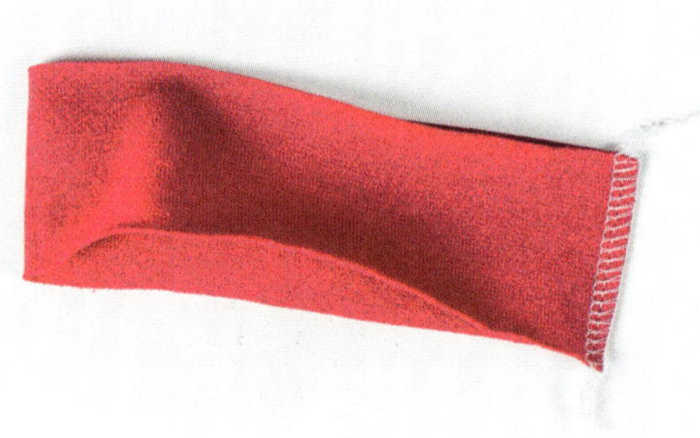

1. Nähe das Bündchen an den kurzen Seiten rechts auf rechts zu einem Ring zusammen.

HINWEIS

Um herauszufinden, wo beim Bündchen die rechte und die linke Stoffseite ist, ziehe einfach mal dran! Bundchen (und Jerseys!) rollen sich immer auf die linke Seite.

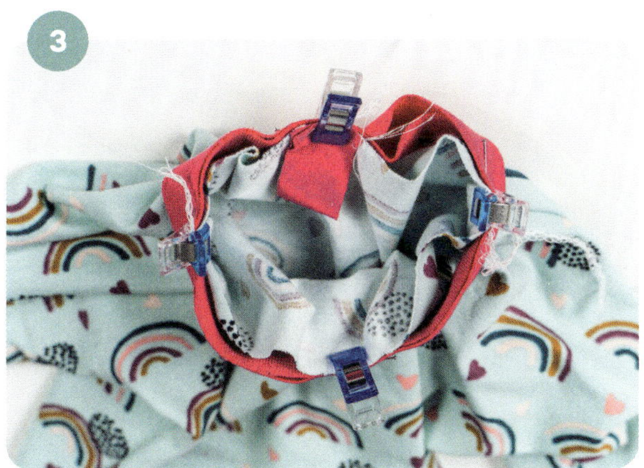

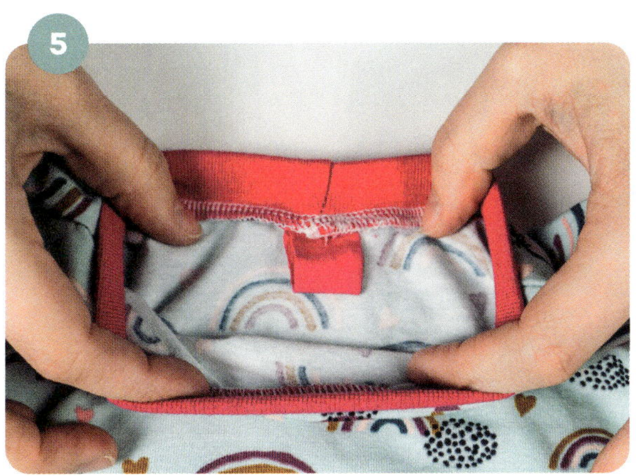

2. Wende es auf rechts, sodass die eben genähte Naht innen liegt, und falte es der Länge nach.
3. Die offene Kante des Bündchens wird nun am Shirt festgesteckt, dazu stülpst du das Bündchen über das Shirt. Das Shirt ist auf rechts gedreht. Die Kanten von Shirt und Bündchen werden aneinandergenäht. Die vordere Mitte des Shirts trifft den Bruch des Bündchens, die hintere Mitte des Rückteils trifft die Naht am Bündchenring. Alles gut feststecken.
4. Beim Nähen beachten, dass nur das Bündchen gedehnt wird, nicht aber das Shirt.
5. Anschließend das Bündchen nach oben klappen.

Tipp: Wo ist hinten? Du kannst dein Shirt ganz leicht mit einem selbstgemachten „Schildchen" verzieren, damit man beim Anziehen gleich sieht, wo hinten ist. Dazu eignet sich ein kleiner Rest Jersey, 5 cm hoch und 2 cm breit. Diesen zur Hälfte falten und mit der offenen Kante mittig am Halsausschnitt des Rückteils in der Nahtzugabe mit einigen Stichen befestigen. Dann das Halsbündchen ganz normal annähen.

1

3

2

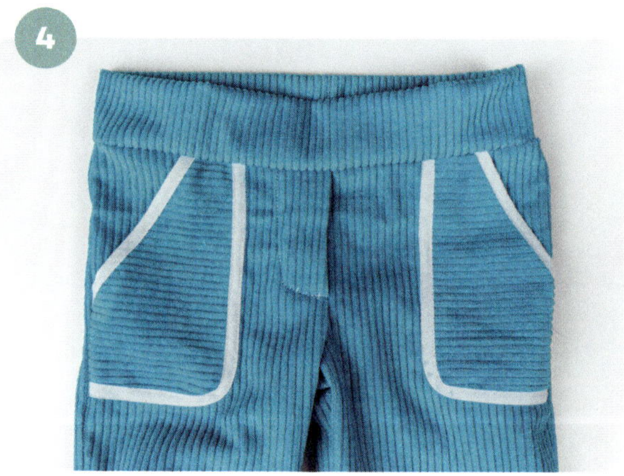

4

ANGESETZTER BUND MIT GUMMIZUG

1. Nähe den Bundstreifen an den kurzen Seiten rechts auf rechts zu einem Ring zusammen.
2. Wende ihn auf rechts, sodass die eben genähte Naht innen liegt, und falte ihn der Länge nach.
3. Die offene Kante des gefalteten Streifens wird nun festgesteckt, dazu stülpst du den Bund über die auf rechts gedrehte Hose (oder den Rock). Die Kanten von Hose und Bund werden aneinandergenäht. Die vordere Mitte der Hose trifft den Bruch des Bundes, die hintere Mitte des Rückteils trifft die Naht am Bundring. Alles gut feststecken.
4. Nähe den gesteckten Bund an, aber denke an eine Öffnung für das Gummiband!

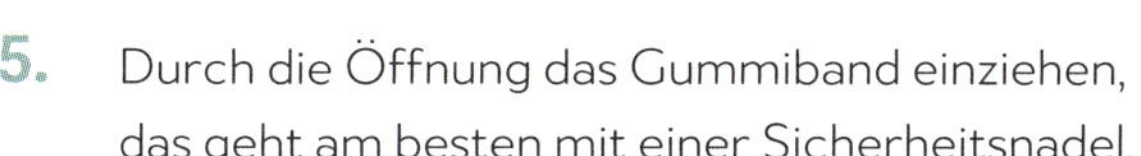

5. Durch die Öffnung das Gummiband einziehen, das geht am besten mit einer Sicherheitsnadel.

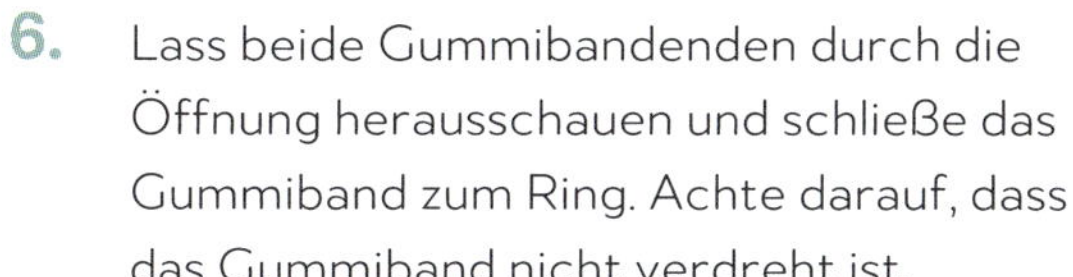

6. Lass beide Gummibandenden durch die Öffnung herausschauen und schließe das Gummiband zum Ring. Achte darauf, dass das Gummiband nicht verdreht ist.

7. Lass das Gummiband in den Bund hineinsinken und schließe die Öffnung. Bund nach oben klappen.

DRUCKKNÖPFE ANBRINGEN

Ein Druckknopf besteht aus 4 Teilen: 2 Teile mit Zacken (Cap), 1 Teil mit Kugelkopf (Stud) und 1 ringförmiges Teil (Socket). Dabei bilden Cap & Stud und Cap & Socket je eine Seite des Druckknopfs, die dann geschlossen werden können. Zum Anbringen benötigst du entweder das beiliegende Werkzeug aus der Packung oder eine passende Druckknopfzange.

Tipp: Verwende für Jersey und andere Maschenware unbedingt Jersey-Druckknöpfe! Diese halten auch in Webwaren gut.

HINWEIS

Je nach Stoff bügle ein kleines Stück Bügelvlies oder Prym Power Dots zum Verstärken auf, damit der Druckknopf nicht ausreißt.

1

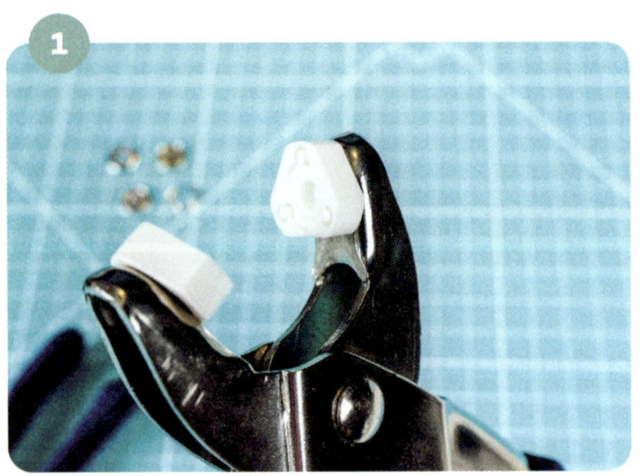

2

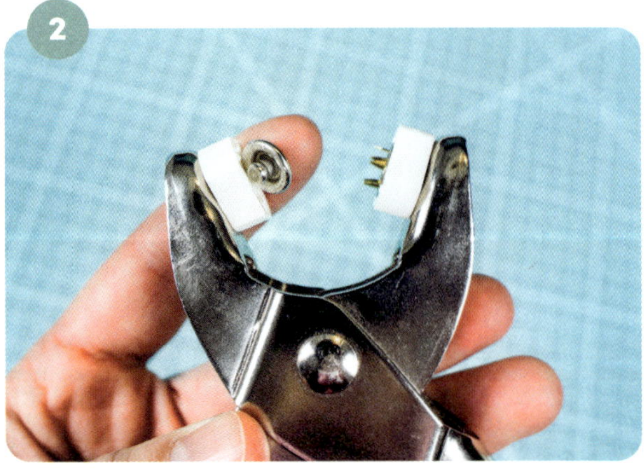

1. Stecke die weißen Plastikaufsätze auf die Zange oder dein Werkzeug auf.
2. Lege ein Cap auf einen der Plastikaufsätze, die Zacken schauen heraus. Lege auf der anderen Seite den Stud ein. Der Kugelkopf verschwindet dabei in dem weißen Plastikaufsatz, so ist er nachher außen.

Tipp: Überprüfe genau, wie rum du den Druckknopf anbringen musst, damit er sich später auch schließen lässt. Hier passieren gern Fehler, und ein falsch herum angebrachter Knopf lässt sich nur schwer ablösen.

3. Den Stoff zwischen die Zange legen, den Zackenring genau auf der Markierung positionieren und die Zange fest zusammendrücken.
4. Nun wird das Gegenstück angebracht. Lege wieder ein Cap in einen der Plastikaufsätze, die Zacken schauen heraus. Lege auf der anderen Seite den Socket ein.
5. Socket und der vorher angebrachte Stud müssen einander später „ansehen“. Lege den Stoff entsprechend zwischen die Zange, achte auf die Markierung und presse die Zange wieder fest zusammen.

AUFGESETZTE TASCHEN NÄHEN

Aufgesetzte Taschen kann man auf verschiedene Arten nähen. Eine Variation mit eingeschlagener Nahtzugabe funktioniert gut mit eckigen Taschen wie der Tasche des Cardigans TOMBOL von Seite 94. Die verstürzte Variante und die Variation mit Schrägband kann man grundsätzlich für alle Taschenformen anwenden.

Tipp: Die eckige Tasche vom Cardigan TOMBOL kannst du z. B. auch (evtl. verkleinert) als Brusttasche auf ein Shirt MANIS von Seite 64 aufsetzen oder auf den Rock BARU. Die in die Seitennaht laufende, vordere Tasche der Hose COCOK von Seite 72 kannst du auch auf dem Rock BARU aufbringen, sodass sie in die Seitennaht und oben an den Bund stößt.

AUFGESETZTE TASCHE ECKIG

Du benötigst jede Tasche 1× aus Außenstoff, z. B. die Tasche des Cardigans TOMBOL.

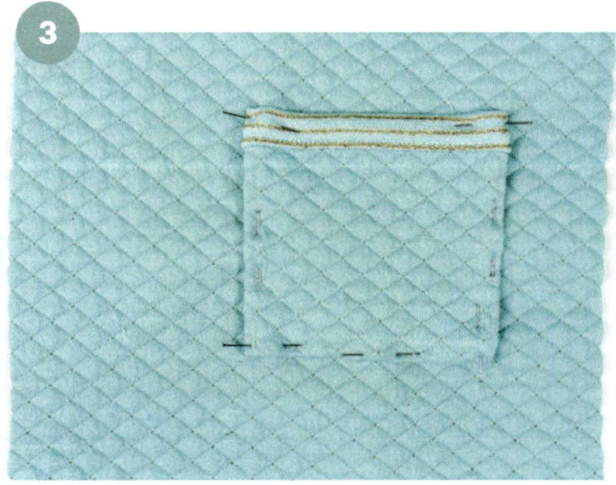

1. Taschen vorbereiten. Die Taschen jeweils rundherum versäubern und die Nahtzugaben nach hinten umbügeln.
2. An der Oberkante die Nahtzugabe nach außen umschlagen und dann noch einmal 1,5 cm umschlagen, sodass ein schöner Abschluss entsteht. Diesen Umschlag festnähen.
3. Tasche platzieren, die Nahtzugaben zeigen nach innen und an 3 Seiten knappkantig aufnähen.

AUFGESETZTE TASCHE VERSTÜRZT

Du benötigst jede Tasche 1× aus Außenstoff und 1× aus Innenstoff, z. B. die Tasche des Cardigans TOMBOL oder von der Hose COCOK.

1. Je eine Tasche aus Außenstoff und Innenstoff rechts auf rechts aufeinanderlegen und rundherum feststecken und nähen. Dabei eine Wendeöffnung an der Unterkante lassen.
2. An den Ecken die Nahtzugabe schräg zurückschneiden, rundherum die Nahtzugabe einkürzen, außer an der Wendeöffnung.
3. Tasche wenden und gut bügeln, die Nahtzugabe an der Wendeöffnung wird dabei nach innen eingeschlagen.
4. Tasche platzieren und an 3 Seiten knappkantig aufnähen. Dabei wird die Wendeöffnung verschlossen. Der Eingriff bleibt offen.

AUFGESETZTE TASCHE MIT SCHRÄGBAND

Du benötigst jede Tasche 1× aus Außenstoff, z. B. die Tasche des Cardigans TOMBOL oder von der Hose COCOK, sowie Schrägband.

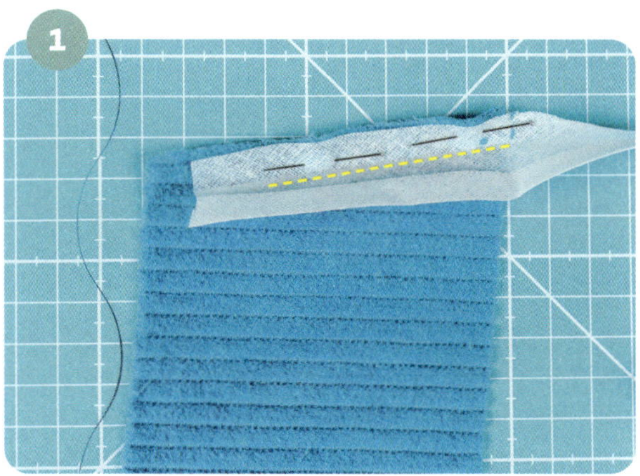

1. Beginne mit dem Einfassen an der Mitte einer geraden Seite und lass etwas Schrägband am Anfang überstehen. Nähe entlang der Falz bis kurz vor der Ecke. Der Abstand zur Ecke sollte eine Nahtzugabe groß sein.
2. Klappe nun das Schrägband nach oben weg.
3. Dann nach unten klappen. Beginne die Naht genau an dem Punkt wieder, an dem du vorhin aufgehört hast. Nähe diese Seite nun wieder bis kurz vor der Ecke und verarbeite so alle 4 Ecken.
4. Wenn du alle Ecken rundherum so gearbeitet hast, geht es nun darum, Anfang und Ende des Schrägbands schön zu verbinden.

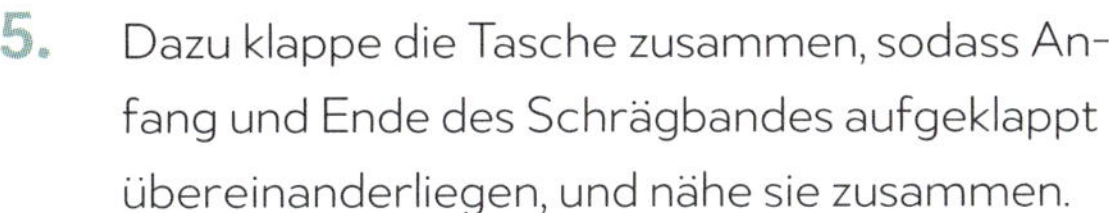

5. Dazu klappe die Tasche zusammen, sodass Anfang und Ende des Schrägbandes aufgeklappt übereinanderliegen, und nähe sie zusammen.

6. Nun kannst du das Schrägband um die Kante herumschlagen, dabei die Ecken gut ausformen und alles von rechts durch alle Lagen hindurch absteppen.

5cm x 5cm
(B,02): Babyshirt_Manis.mdl (..)

PROJEKTE

SHIRT KEREN

Dieses Shirt im Fake-Lagenlook ist wunderbar wandelbar, extrem lässig und kann immer wieder neu interpretiert werden. Schon kleine Stoffreste können für die seitlichen Keile verwendet werden, sodass ein bunter Mustermix entsteht.

STOFF

→ Nicht zu dicke, gut dehnbare Stoffe wie Jersey, (elastischer) Sommersweat, Nicki

MATERIAL

Größe 50–74: Hauptstoff für VT, RT und Ärmel: 40 cm, Kombistoff für die seitlichen Einsätze: 35 cm, Bündchenware: 10 cm

Größe 80–104: Hauptstoff für VT, RT und Ärmel: 55 cm, Kombistoff für Seitenteil: 45 cm, Bündchenware: 10 cm

ZUSCHNITT

Alle Schnittteile mit 0,7–1 cm NZ und mit 2–4 cm Saumzugabe zuschneiden.

→ **1 × Vorderteil**
im Bruch, mit Saumzugabe

→ **1 × Rückteil**
im Bruch, mit Saumzugabe

→ **2 × Seitenteil**
gegengleich, mit Saumzugabe

→ **2 × Ärmel**
gegengleich, mit Saumzugabe

→ **2 × Ärmelansatz**
gegengleich, mit Saumzugabe

→ **1 × Halsbündchen**
im Bruch

Auch kleinere Stoffreste können endlich aufgebraucht werden, nämlich für die seitlichen Einsätze oder die Ärmel.

TIPP

Lässt du die Ärmelansätze weg, erhältst du ein kurzärmeliges T-Shirt!

1. Seitenteile annähen. Dazu je ein Seitenteil rechts auf rechts auf das Vorderteil legen, feststecken und zusammennähen.
2. Schultern schließen. Das Vorder- und Rückteil rechts auf rechts aufeinanderlegen, feststecken und die Schulternähte schließen.
   Tipp: Du kannst die Schulternaht von rechts absteppen, dadurch legt sich die Nahtzugabe schön flach. Die Naht ist somit stabiler und sieht hochwertiger aus. Dazu klappe die Nahtzugabe zum Rückteil und nähe mit einem (elastischen) Geradstich knapp neben der Naht die Nahtzugabe fest.
3. Für den Fake-Lagenlook zuerst die kurzen Ärmel säumen. Dazu die Saumzugabe einschlagen und von rechts absteppen.
4. Ärmelansatz ein Stück unter den kurzen Ärmel schieben, sodass die rechten Seiten zu sehen sind. Dann auf der Saumnaht von rechts durch alle Lagen durchsteppen.
   Tipp: Du kannst auch die Saumzugabe am Ärmel weglassen und stattdessen nur eine Nahtzugabe geben. Dann den Ärmelansatz rechts auf rechts an den Ärmel annähen. Ergibt einen geteilten Ärmel statt des Fake-Lagen-Looks.

5. Ärmel einnähen. Ärmel rechts auf rechts in das Armloch legen und feststecken. Markierungen beachten! Anschließend den Ärmel annähen.
6. Seiten schließen. Lege das Vorder- und Rückteil rechts auf rechts aufeinander. Stecke und nähe die Seite bis hoch zum Ärmel zusammen. Den Schritt auf der anderen Seite wiederholen. Die Markierungen am Ärmel und der Seitennaht (Seitenteil zu Rückteil) sollten sich jeweils treffen. **Tipp:** Wichtig: Unter dem Arm treffen Vorder- und Rückteil sowie der seitliche Keil und der Ärmel aufeinander. Daher solltest du in diesem Bereich sehr sorgfältig stecken.
7. Saumzugabe an Ärmel und Bauch einschlagen, bügeln und von rechts absteppen.
8. Halsbündchen annähen. Beachte dazu die Anleitung auf Seite 46.

HINWEIS

Am besten vorher einmal anprobieren, um die Ärmellänge und Saumlänge zu überprüfen bzw. anzupassen.

UPCYLING-VARIANTEN

SHIRT KEREN

SEITE 58 ▶

Das Vorder- und das Rückenteil für dieses Shirt KEREN sind aus einem Damen-T-Shirt herausgeschnitten. Die kurzen Ärmel und die seitlichen Einsätze sind aus Jersey. Lässt man die Ärmelansätze weg, wird das Shirt KEREN zum luftigen Kurzarm Shirt.

ROCK BARU

SEITE 78 ▶

Aus einem ausgedienten Hemd mit kaputtem Kragen ist dieser Rock BARU entstanden. Das Vorderteil des Hemdes wurde das Vorderteil des Rockes, die Knopfleiste blieb erhalten. Sie ist allerdings mit Geradstich zugenäht. Die Rückseite ist aus der Hemd-Rückseite entstanden. Den Saum ziert eine angenähte Rüsche.

NACHHALTIG

HOSE COCOK

ENTSTANDEN AUS:

Ebenfalls aus einem ausgedienten Hemd ist diese kurze Variante der Hose COCOK genäht. Die beiden Rückteile sind aus der Rückseite des Hemdes entstanden, die beiden Vorderteile aus den Ärmeln. Der Bund ist statt im Bruch in zwei Teilen zugeschnitten, aus dem Vorderteil des Hemdes. Diese leichte Shorts kommt ohne Taschen aus.

SHIRT MANIS

Die angeschnittenen Ärmel geben dem Shirt eine lässige Bequemlichkeit, sodass sich die Kleinen pudelwohl fühlen können. Der runde Halsausschnitt, der auch im Rücken etwas tiefer geht, lässt auch kleine Dickköpfe gut ins Shirt schlüpfen.

STOFF

→ Dehnbare Stoffe wie Jersey, elastischer (Sommer-)Sweat, weiche Strickstoffe, Nicki

MATERIAL

Zuschnitt als 1 Schnittteil im Bruch:
Größe 56–80: 80 cm
Größe 86–98: 1 m
Zuschnitt als 2 Schnittteile mit Schulternaht:
Größe 56–80: 50 cm
Größe 86–98: 1 m
Bündchenstoff 20 cm

ZUSCHNITT

Alle Schnittteile mit 0,7–1 cm Nahtzugabe zuschneiden.

→ **1 × Vorderteil/Rückteil** im Bruch oder 2 × einzeln
→ **2 × Ärmelbündchen**
→ **1 × Halsbündchen** im Bruch
→ **1 × Saumbündchen** im Bruch

VIDEO

youtu.be/MmZCTnpDvxk

Durch die Weite wächst das Shirt lange mit.

HINWEIS

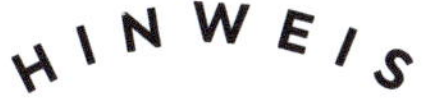

Keine Lust auf Bündchen? Du kannst die Ärmel und den Saum auch mit Saumzugaben versehen und säumen nach Anleitung auf Seite 43.

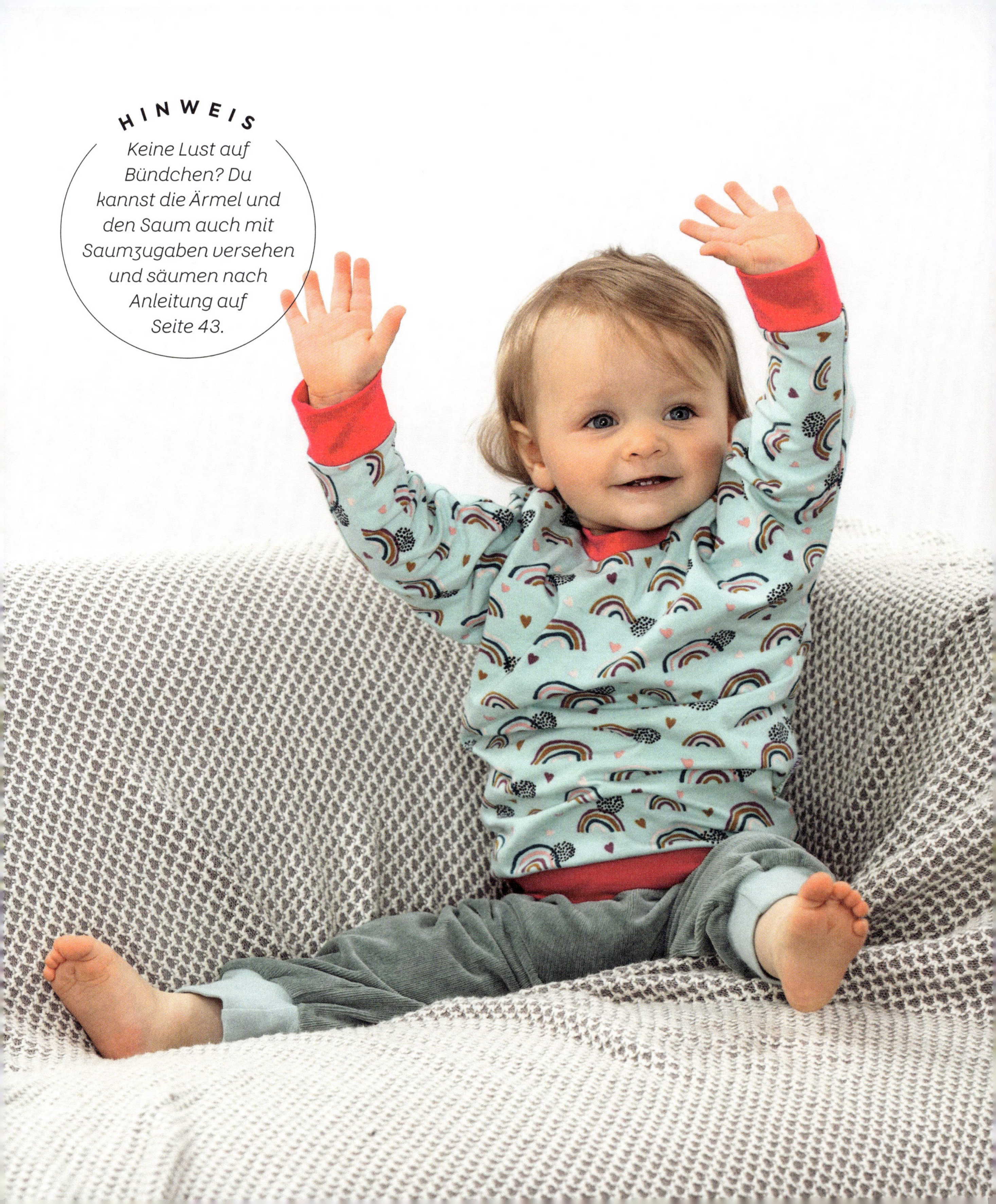

SO GEHT'S

1. Schulter-/Ärmelnaht schließen. Wenn im Bruch zugeschnitten, entfällt dieser Schritt. Lege beide Teile mit den rechten Stoffseiten aufeinander und nähe beide oberen Schulter-/Ärmelnähte mit einem elastischen Stich zusammen.
2. Seitennähte schließen. Lege das Shirt rechts auf rechts aufeinander. Stecke und nähe die Seite bis hoch zum Ärmelsaum zusammen. Den Schritt auf der anderen Seite wiederholen. Die Markierungen am Ärmel und den Seiten (Vorder- zu Rückteil) sollten sich jeweils treffen.
3. Halsbündchen annähen. Beachte dazu die Anleitung auf Seite 46.
4. Bündchen an den Ärmeln und unten am Bauch annähen. Beachte dazu die Anleitung auf Seite 46.

HINWEIS

Der Clou: *Das Babyshirt MANIS kann an der Schulternaht im Bruch zugeschnitten werden. So geht das Nähen blitzschnell!*

HOSE RAS

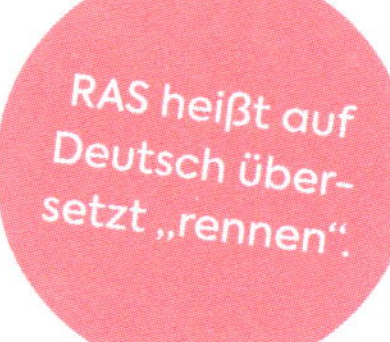

Die Hose aus einem einzigen Schnittteil! Die Hose RAS ist eine gerade geschnittene, sehr bequeme Hose, die immer passt, egal ob (Stoff-)Windelpopo oder gar windelfrei.

STOFF

→ Dehnbare Stoffe wie Jersey, (Sommer-)Sweat, Nicki

MATERIAL

Größe 50–68: Hauptstoff: 40 cm
Größe 74–92: Hauptstoff: 50 cm
Größe 98–104: Hauptstoff: 70 cm
Bündchenstoff: 30 cm

ZUSCHNITT

Alle Schnittteile mit 0,7–1 cm Nahtzugabe zuschneiden.

→ **1× Vorderteil** im Bruch
→ **2× Beinbündchen**
→ **1× Bündchen** im Bruch

VIDEO

youtu.be/b6ST5iQKWqo

Durch den lockeren Schnitt wächst die RAS mindestens 2 Größen mit und kann später noch als kurze Hose getragen werden, sodass sich die Nutzungsdauer stark verlängert.

HINWEIS

Du kannst doppelt so lange Bündchen an den Beinen anbringen, die zunächst umgeschlagen werden und dann mitwachsen.

SO GEHT'S

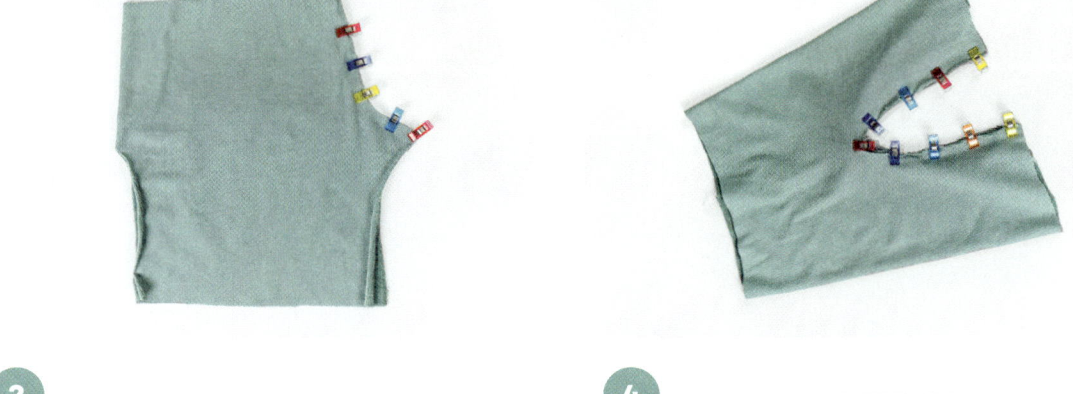

1. Klappe die Hose so zusammen, wie du sie zugeschnitten hast, rechts auf rechts, und stecke die Kante gegenüber des Stoffbruchs bis zu der Spitze zusammen. Nähe diese Naht. Das ist die hintere Po-Naht.
2. Falte den Stoff dann so, dass Bruch und die eben genähte Naht aufeinanderliegen. Stecke die Stelle, an der vordere Mitte/Stoffbruch auf die hintere Naht trifft, mit einer Stecknadel zusammen. Jetzt ist die Hose schon zu erkennen. Stecke als Nächstes erst die Beinenden unten jeweils aufeinander.
3. Stecke nun die restliche Innenseite der Beine fest und nähe diese Innenbeinnaht in einem Zug von einem Bein zum anderen.
4. Bündchen an Beinen und am Bauch annähen. Beachte dazu die Anleitung auf Seite 46.

HOSE COCOK

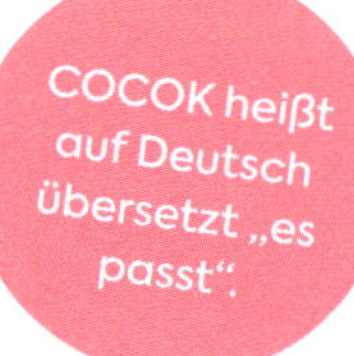

Eine bequeme Schlupfhose mit Taschen, die lässig oder schick genäht werden kann! Der Hosenbund wird mit einem Gummiband auf die passende Weite gebracht.

STOFF

→ Kann aus allen Stoffen mit etwas Stand genäht werden, z.B. Twill, Popeline, Sweat, Leinen, Cord oder Denim.

MATERIAL

Größe 50–74: Hauptstoff: 60 cm
Gummiband: 4 cm breit, Länge entsprechend des Taillenumfangs + 2 cm, Futter für Taschen: 20 cm
Größe 80–104: Hauptstoff: 75 cm
Gummiband: 4 cm breit, Länge entsprechend des Taillenumfangs + 2 cm, Futter für Taschen: 20 cm

ZUSCHNITT

Alle Schnittteile mit 0,7–1 cm NZ zuschneiden. An Vorderteil und Rückteil je 2–4 cm Saumzugabe zugeben.

→ **2 × Vorderteil**
gegengleich, mit Saumzugabe

→ **2 × Rückteil**
gegengleich, mit Saumzugabe

→ **1 × Bund**
im Bruch aus Hautstoff

→ **2 × Po-Taschen**
gegengleich aus Hauptstoff

→ **2 × Po-Taschen**
gegengleich aus Innenstoff

→ **2 × aufgesetzte Tasche**
gegengleich aus Hauptstoff

→ **2 × aufgesetzte Tasche**
gegengleich aus Innenstoff

Die Hose COCOK kann aus einer Jeans oder einem Herrenhemd upgecycelt werden. Auch als „Hochwasserhose“ ist sie noch up to date, oder man macht direkt eine kurze Sommerhose daraus.

HINWEIS

Den Schnitt gibt es auch in einer kurzen Variante!

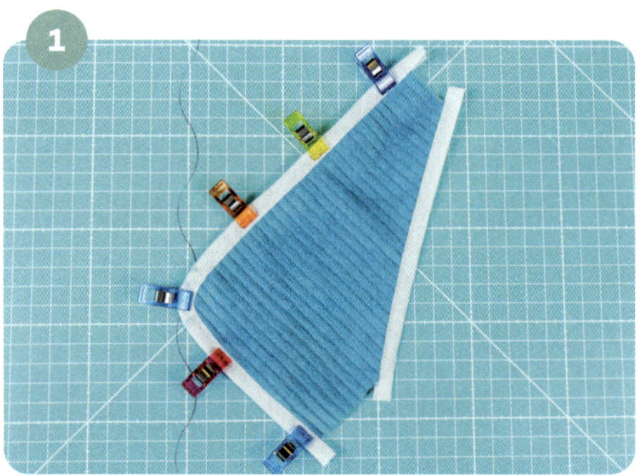

1. Vordertaschen und Po-Tasche mit Schrägband einfassen, siehe dazu die Anleitungen auf Seite 44 und Seite 54.
2. Taschen auf Vorderhose nähen. Stecke die Tasche entlang der Markierung je auf das passende Vorderteil. Nähe die Tasche auf das Vorderteil, knapp an der Kante entlang. Dabei wird die Wendeöffnung verschlossen. **Achtung:** Den Tascheneingriff nicht annähen! Verfahre mit der zweiten Tasche genauso.
3. Stecke die Po-Tasche entlang der Markierung je auf das passende Rückteil. Nähe die Tasche auf das Rückteil, knapp an der Kante entlang. Achtung: Den Tascheneingriff nicht annähen! Verfahre mit der zweiten Po-Tasche genauso.
4. Versäubere nun an beiden Vorderteilen die vordere Schrittnaht mit dem Hosenschlitz-Teil. Versäubere alle übrigen offenen Kanten an Vorder- und Rückteil, sie werden später mit Geradstich der Nähmaschine zusammengenäht.

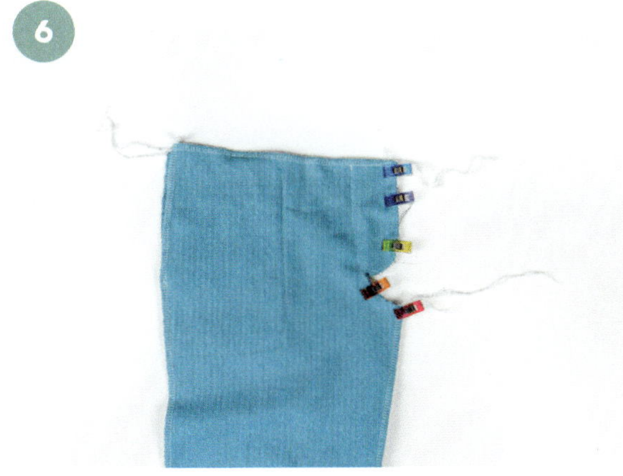

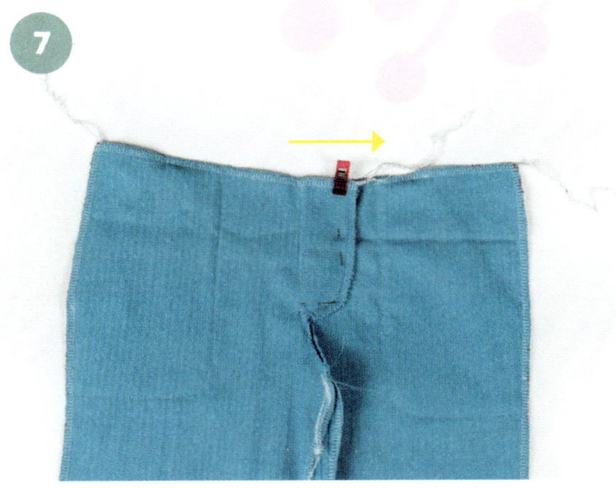

5. Fake-Hosenschlitz vorbereiten. Lege die beiden Vorderteile rechts auf rechts aufeinander und stecke sie zusammen. Hefte mit einem langen Stich (Stichlänge 5) die Gerade bis zur Schrittnaht, um beim Bügeln mehr Halt zu haben.

6. Fake-Hosenschlitz nähen. Nähe den Fake-Hosenschlitz und die untere Schrittnaht der Vorderteile zusammen.

7. Bügle die Schrittnaht von der rechten Seite und lege den Eingriff dabei auf eine Seite um.

8. Steppe nun den Fake-Hosenschlitz von rechts ab. Als Orientierungshilfe kannst du das Schnittmuster auf der rechten Seite aufzeichnen.

HINWEIS

Sieh dir mal gekaufte Jeans an. Details wie einen sehr engen Zickzack-Stich am Hosenschlitz kannst du für einen coolen Look übernehmen!

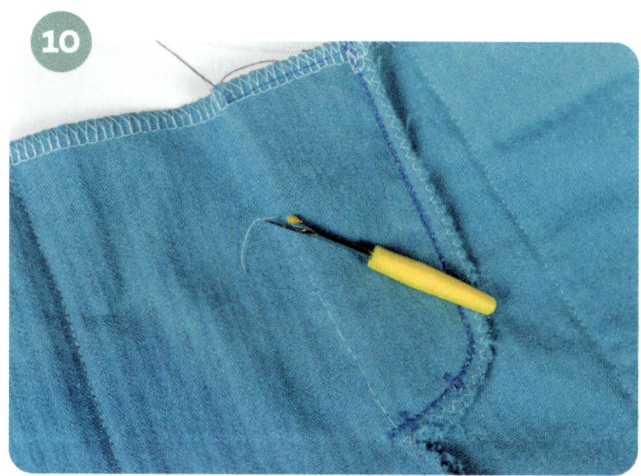

9. Hefte den falschen Eingriff oben innerhalb der Nahtzugabe mit einigen Stichen zusammen, damit dieser an Ort und Stelle bleibt, wenn du später den Bund annähst.
10. Entferne nun die Heftfäden von Schritt 6, sodass der Fake-Hosenschlitz sich „öffnen" lässt.
11. Hintere Schnittnaht nähen. Lege die Rückteile rechts auf rechts aufeinander, stecke und nähe die hintere Schrittnaht.
12. Lege Vorder- und Rückteil rechts auf rechts aufeinander. Stecke und nähe die Seitennähte auf beiden Seiten. Danach wird die Innenbeinnaht geschlossen.

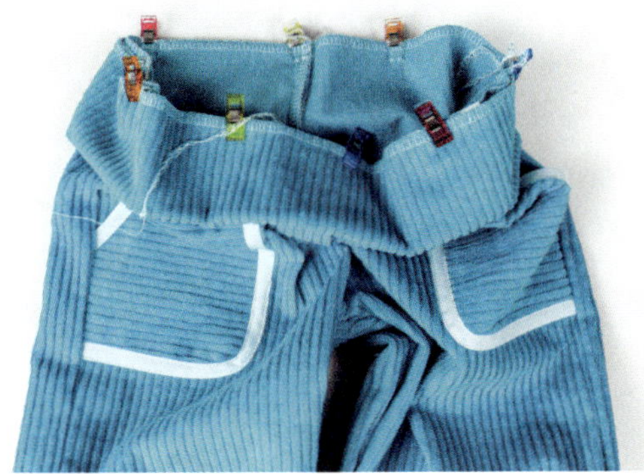

13. Nähe den angesetzten Bund für den Gummizug an, beachte dazu die Anleitung auf Seite 48.
14. Säume die Hose. Beachte dazu die Anleitung auf Seite 43. Kremple dann die Hose einmal nach außen um. Den Umschlag kannst du an den Seiten mit einigen Handstichen fixieren.

Die kurze Variante der Hose COCOK

ROCK BARU

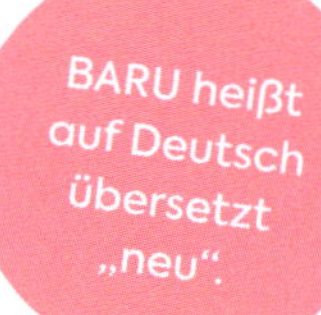

Ein leicht ausgestellter Rock für bunte Prinzessinnen, wilde Räuberinnen und kleine Trendsetter. Mit bequemem Bündchen oben und viel Platz für Verzierungen ist der knielange Rock BARU für jede Situation das richtige Kleidungsstück.

STOFF

→ Kann aus allen Stoffen genäht werden, von Jersey über Stepp- und Blusenstoffe bis Denim und Cord.

MATERIAL

Größe 50–74: Hauptstoff: 30 cm
Bündchenware: 15 cm
Größe 80–104: Hauptstoff: 35 cm
Bündchenware: 15 cm

ZUSCHNITT

Alle Schnittteile mit 0,7–1 cm NZ zuschneiden. An Vorderteil und Rückteil je 2–4 cm Saumzugabe zugeben.

→ **1× Vorderteil**
im Bruch, mit Saumzugabe
→ **1× Rückteil**
im Bruch, mit Saumzugabe
→ **1× Bündchen**
im Bruch aus Bündchenware

Erst knielang, später etwas kürzer, so wächst dieser Rock lange mit. Aus einer Bluse oder einem Hemd kann er genäht werden, dann bleibt vorne die Knopfleiste einfach bestehen! Aber auch aus Jeans oder T-Shirts kann der Rock genäht werden.

HINWEIS

Schneide den Rock nicht im Bruch zu, sondern 4 einzelne Teile (2 halbe Vorderteile und 2 halbe Rückteile) aus verschiedenen Stoffen. So kannst du ein kunterbuntes Patch-Röckchen nähen.

SO GEHT'S

1

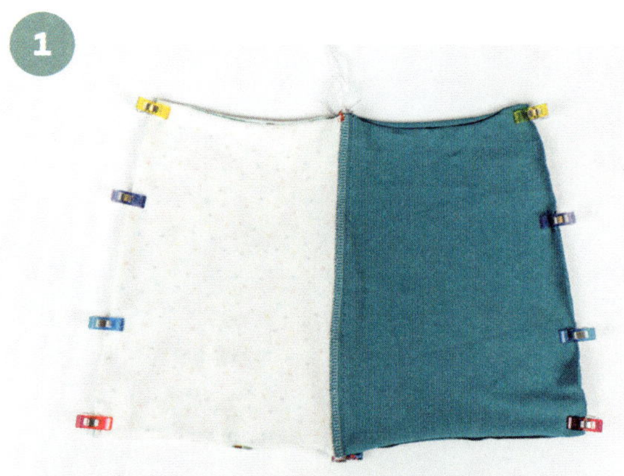

2

3

1. Lege das Vorderteil rechts auf rechts auf das Rückteil, stecke und nähe beide Seitennähte zusammen. Versäubere die Nahtzugaben anschließend auf beiden Seiten.
2. Nähe das Bündchen oben am Rock an, wie auf Seite 46 beschrieben.
3. Säume den Rock oder nähe eine Borte unten an.

HINWEIS

Bündchen zu weich, bietet zu wenig Halt? Nähe das Bündchen nicht komplett an, sondern lass eine Öffnung, um ein breites Gummiband einzuziehen.

HINWEIS

Wenn du ein Hemd oder eine Bluse upcycelst, dann nähe die Knopfleiste zu, indem du einmal entlangnähst, neben den Knöpfen vorbei.

KLEID ATAS

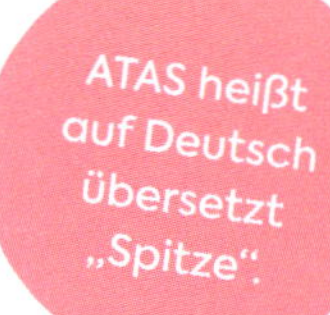

Ein Kleid mit leicht gekräuselt angesetztem Rockteil, der zipfelig fällt und für einen verspielten „Feen-Look“ sorgt. Perfekt für kleine Elfen und freche Räubertöchter!

STOFF

→ Jersey für das Oberteil, für das Rockteil leichte Stoffe wie Jersey, Viskose Jersey, Viskose Webware, Musselin, Spitze, Batist und Voile.

MATERIAL

Größe 50–74: Stoff für das Oberteil: 30 cm, Stoff für das Rockteil: 70 cm, Bündchenware: 10 cm
Größe 80–104: Stoff für das Oberteil: 40 cm, Stoff für das Rockteil: 1 m, Bündchenware: 10 cm

ZUSCHNITT

Alle Schnittteile mit 0,7–1 cm NZ zuschneiden. An Rockteil und Ärmeln je 2–4 cm Saumzugabe zugeben.

→ **1 × Vorderteil** im Bruch
→ **1 × Rückteil** im Bruch
→ **1 × Halsbündchen** im Bruch
→ **2 × Ärmel** gegengleich, mit Saumzugabe
→ **1 × Rock** im Bruch (oder 2 × einzeln), je mit Saumzugabe

Das Kleid ATAS wächst lange mit: Erst ist es ein Kleid, später eine Tunika. Das Oberteil kann aus einem (zu kurz gewordenen) Shirt upgecycelt werden, für den Rockteil kannst du sogar eine Tischdecke oder einen Vorhang benutzen.

1. Schulternähte schließen. Lege dazu das Vorderteil rechts auf rechts auf das Rückteil, stecke und schließe die Schulternähte.
2. Ärmel annähen. Lege das Vorder- und Rückteil ausgebreitet hin. Lege den Ärmel rechts auf rechts an das Armloch, die Schultermarkierung trifft die Schulternaht. Achte darauf, dass der richtige Ärmel an die richtige Seite kommt! Stecke fest und nähe den Ärmel an.
3. Seitennähte schließen. Stecke das Shirt aufeinander, die rechten Seiten innen. Nähe nun die Seite bis hoch zum Ärmelsaum. Den Schritt auf der anderen Seite wiederholen. Die Markierungen am Ärmel und den Seiten (Vorder- zu Rückteil) sollten sich jeweils treffen.
4. Halsbündchen annähen. Beachte dazu die Anleitung auf Seite 46.

5. Ärmel säumen. Beachte dazu die Anleitung auf Seite 43.
6. Wenn du den Rock nicht im Bruch zugeschnitten hast, dann schließe jetzt die Seitennähte am Rock.

Nähe zwei getrennte Nähte zum Kräuseln, jeweils den halben Ausschnitt entlang. Dann lässt sich die Mehrweite in Falten leichter verteilen.

7. Rock kräuseln. Ziehe den Ober- und Unterfaden etwas heraus, bevor du anfängst zu nähen. Nähe mit großer Stichlänge und an der Kante des Kreisausschnitts entlang. Verriegle die Naht an Anfang und Ende nicht, sondern lass die Fäden lang stehen.
8. Ziehe dann vorsichtig an den Fäden, sodass der Stoff sich einkräuselt. Verteile die kleinen Falten gleichmäßig. Kräusele so weit ein, bis die Rundung genau an das Oberteil passt. Es wird nur ein bisschen gekräuselt, nicht sehr stark. Knote dann die Fäden auf jeder Seite zusammen, sodass sich die Kräuselung nicht mehr lösen kann.

9. Rock annähen. Stecke das Oberteil rechts auf rechts in den Rock hinein und nähe das Rockteil an das Oberteil. Versäubere die Naht ggf.

10. Briefecken an den Rockzipfeln nähen. Zeichne die Saumzugabe an den Ecken ein. (Im Beispiel 3 cm.)

11. Zeichne auf der linken Stoffseite eine diagonale Linie durch den Schnittpunkt. An der wird gleich entlanggenäht.

12. Falte aber zuvor die Ecke und nähe dann die diagonale Linie mit einigen Stichen entlang.

13. Schneide die Spitze zurück.
14. Falte die Ecke auf und forme die Spitze gut aus.
15. Rock säumen.

HINWEIS

Statt den Rock zu säumen, kannst du auch eine Borte oder Spitzenband als Abschluss annähen. Je nach Höhe musst du gegebenenfalls den Rock ein Stück kürzen.

JUMPSUIT SUKA

SUKA heißt auf Deutsch übersetzt „mögen, mag es“.

Ein gemütlicher Schlafanzug ist der Einteiler SUKA. Die Knopfleiste geht durch bis zu den Beinen, das ist besonders praktisch beim Wickeln.

STOFF

→ Dehnbare Stoffe wie Jersey, Nicki, dehnbarer (Sommer-)Sweat.

MATERIAL

Größe 50–74: Hauptstoff: 65 cm
Jersey als Knopfleiste: 15 cm
Bündchenware: 20 cm
Alle Größen: ca. 9–18 Druckknöpfe
Größe 80–104: Hauptstoff: 90 cm
Jersey als Knopfleiste: 15 cm
Bündchenware: 25 cm

ZUSCHNITT

Alle Schnittteile mit 0,7–1 cm NZ zuschneiden.

→ **2 × Vorderteil** gegengleich aus Hauptstoff
→ **1 × Rückteil** im Bruch aus Hauptstoff
→ **1 × Zwickel** im Bruch aus Hauptstoff
→ **1 × Knopfleiste** im Bruch oder 2 × und zusammennähen
→ **1 × Knopfleiste Beine**
→ **2 × Ärmelbündchen** aus Bündchenware
→ **2 × Beinbündchen** aus Bündchenware

Weil der Einteiler keine angenähten Füßchen hat, wächst er länger mit. Der Jumpsuit kann auch aus einem ausrangierten Jersey-Spannbettlaken genäht werden!

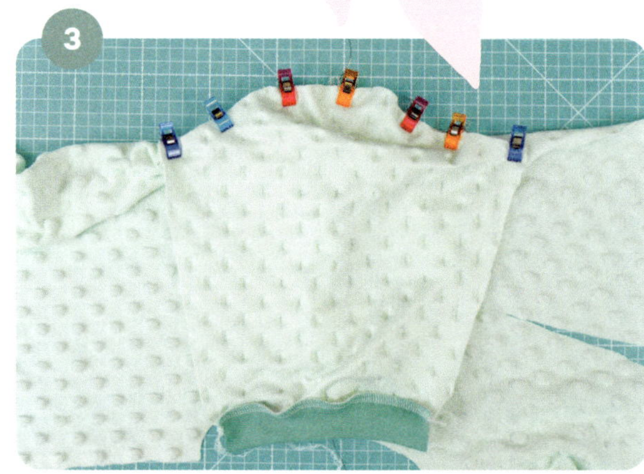

1. Zwickel annähen. Lege den Zwickel rechts auf rechts auf das Rückteil. Achte darauf, dass der Zwickel richtig herum ist. Die Mitte des Zwickels trifft auf die Mitte zwischen den Beinen. Dann stecke den Zwickel, von der Mitte ausgehend, fest und nähe ihn an.
2. Schulternähte schließen. Lege dazu die beiden Vorderteile rechts auf rechts auf das Rückteil, stecke und schließe die Schulternähte.
3. Ärmel annähen. Lege das Vorder- und Rückteil ausgebreitet hin. Lege den Ärmel rechts auf rechts an das Armloch, die Schultermarkierung trifft die Schulternaht. Achte darauf, dass der richtige Ärmel an die richtige Seite kommt. Stecke und nähe den Ärmel an.
4. Knopfleiste annähen. Falte die lange Knopfleiste der Länge nach und nähe sie wie ein Bündchen an. Der Bruch trifft die rückwärtige Mitte des Ausschnitts, dann die Knopfleiste nach unten zu den Beinen hin feststecken. In der Rundung des Ausschnitts kannst du die Knopfleiste leicht dehnen, ansonsten wird sie ungedehnt angenäht.

5. Verfahre genauso mit der kürzeren Knopfleiste für die Beine am Rückteil des Jumpsuits. Sie läuft das Bein hinauf, über den Zwickel, und am anderen Bein hinunter.
6. Schließe die beiden Seitennähte. Vom Ärmel, über die Seite, bis hinunter zum Bein.

HINWEIS

Du kannst die Knopfleiste auch 2 × zuschneiden und dann aneinandernähen. Die Naht kommt dann einfach in die rückwärtige Mitte am Ausschnitt.

7. Lege an der Innenseite des Beins die Knopfleisten übereinander. Steppe sie am Beinende mit einigen Stichen in der Nahtzugabe aufeinander. So kannst du das Bündchen gleich besser annähen.
8. Nähe die Bündchen an die Beine, beachte dazu die Anleitung auf Seite 46. Die Bündchen sind geschlossen, die Knopfleiste lässt sich also bis zum Bündchen öffnen.

9. Nähe die Bündchen an die Ärmel, beachte dazu die Anleitung auf Seite 46.
10. Bringe die Druckknöpfe an, beachte dazu die Anleitung auf Seite 50.

TIPP

Die Bündchen in den kleinen Größen anzunähen, kann mühselig sein. Dafür gibt es einen praktischen Tipp. Die Anleitung dazu findest du hier:
https://naehfrosch.de/buendchen-annaehen/

CARDIGAN TOMBOL

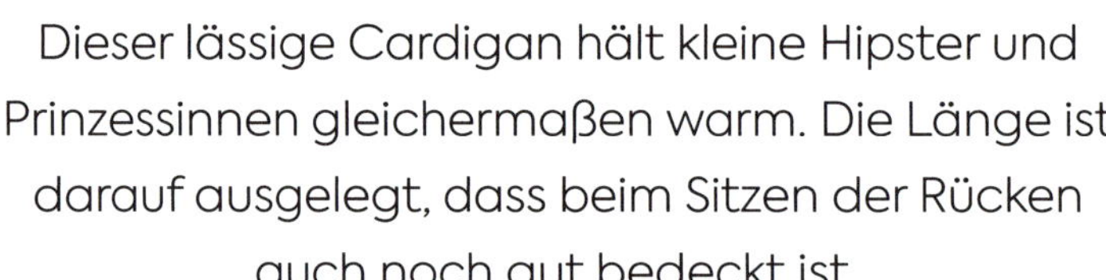

Dieser lässige Cardigan hält kleine Hipster und Prinzessinnen gleichermaßen warm. Die Länge ist darauf ausgelegt, dass beim Sitzen der Rücken auch noch gut bedeckt ist.

TOMBOL heißt auf Deutsch übersetzt „Knopf“.

STOFF

→ Etwas dickere, aber dehnbare Stoffe wie (Sommer-)Sweat, Strick, Jersey-Stepper oder Jaquardstrick.

MATERIAL

Größe 50–74: Hauptstoff: 60 cm, Tasche: 15 cm, Bündchenware: 10 cm
Größe 80–104: Hauptstoff: 75 cm, Tasche: 15 cm, Bündchenware: 10 cm
Alle Größen: 4–7 Knöpfe/Druckknöpfe, ggf. Bügelvlies für die Knopfleiste

ZUSCHNITT

An den Ärmeln und an Vorder- und Rückteil je 2–4 cm Saumzugabe geben.

→ **2 × Vorderteil** gegengleich, mit Saumzugabe
→ **1 × Rückteil** im Bruch, mit Saumzugabe
→ **2 × Ärmel** gegengleich, mit Saumzugabe
→ **2 × Taschen** oben mit 2 cm Zugabe zum Umschlagen
→ **1 × Halsbündchen** im Bruch

Durch die lässige Weite und Länge und die überschnittenen Schultern wächst der Cardigan lange mit.

HINWEIS
Doubleface-Stoffe kommen bei dem Cardigan gut zur Geltung!

SO GEHT'S

1. Taschen vorbereiten nach der Anleitung auf Seite 52. Taschen anhand der Markierungen auf den beiden Vorderteilen platzieren und an 3 Seiten knappkantig aufnähen. Der Eingriff bleibt offen.
2. Knopfleiste vorbereiten. Die angeschnittene Knopfleiste jeweils mit aufbügelbarem Vlies verstärken, damit später die Knöpfe gut halten. Du kannst dann die Kante (mitsamt dem aufbügelbarem Vlies) versäubern.
3. Schulternähte schließen. Lege dazu die Vorderteile rechts auf rechts auf das Rückteil, stecke und schließe die Schulternähte.
   Tipp: Schulternaht absteppen. Dazu klappe die Nahtzugabe zum Rückteil und nähe von rechts mit einem (elastischen) Geradstich knapp neben der Verbindungsnaht die Nahtzugabe fest.
4. Ärmel annähen. Lege das Vorder- und Rückteil ausgebreitet vor dich. Lege den Ärmel rechts auf rechts an das Armloch, die Schultermarkierung trifft die Schulternaht. Achte darauf, dass der richtige Ärmel an die richtige Seite kommt! Stecke und nähe den Ärmel an.

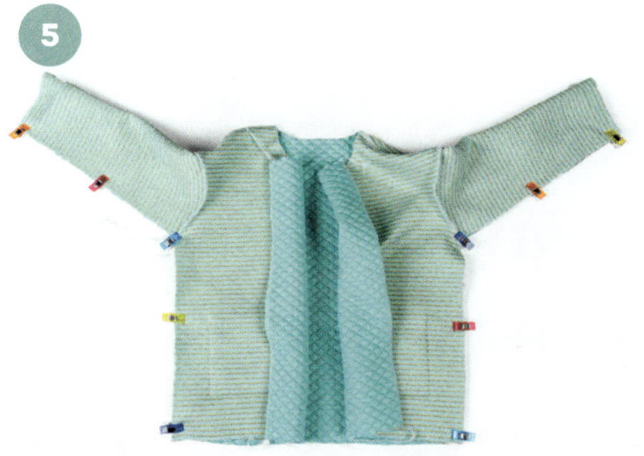

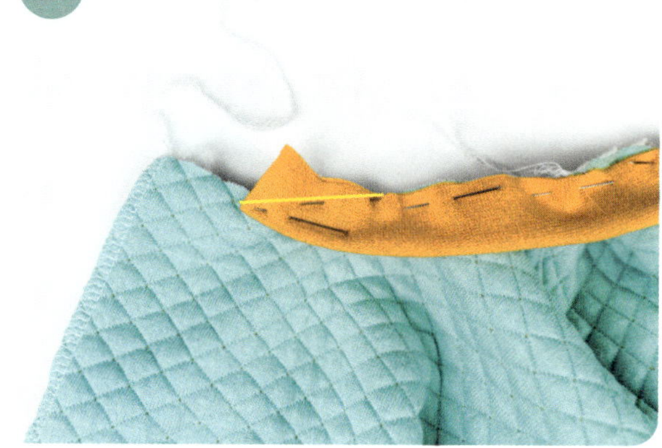

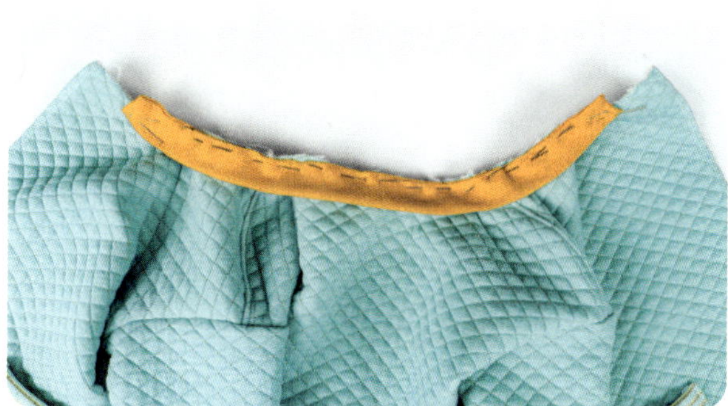

5. Seitennähte schließen. Stecke den Cardigan ordentlich aufeinander, die rechten Seiten innen. Nähe die Seite bis hoch zum Ärmelsaum. Den Schritt auf der anderen Seite wiederholen. Die Markierungen am Ärmel und den Seiten (Vorder- zu Rückteil) sollten sich jeweils treffen.
6. Halsbündchen längs falten und mit der offenen Kante an den Ausschnitt stecken.
7. Hier darauf achten, dass das Bündchen mit der Markierung abschließt und das Bündchen schräg herauslaufen lassen.
8. Bündchen annähen und nach oben klappen.

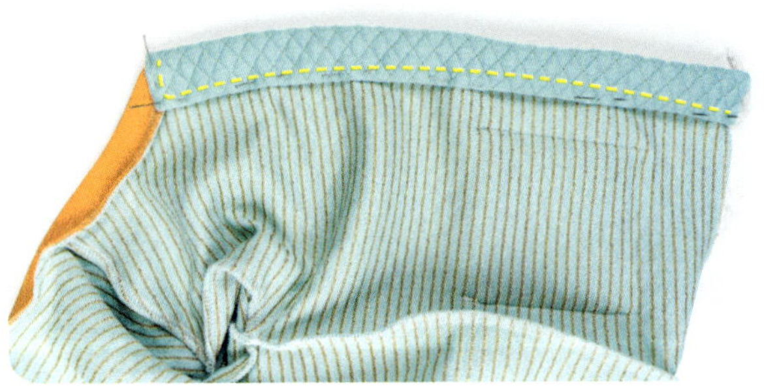

9. Die übrige Nahtzugabe neben dem Bündchen nach unten umbügeln und anschließend die Knopfleisten an beiden Vorderteilen an der Linie nach links umklappen.
10. Stecke die eingeschlagene Knopfleiste auf ganzer Länge und nähe sie fest.
11. Ärmel säumen. Beachte dazu die Anleitung auf Seite 43.
12. Cardigan säumen. Beachte dazu die Anleitung auf Seite 43. Bringe als letztes die Druckknöpfe an. Beachte dazu die Anleitung auf Seite 50.

HINWEIS

Bei einem Doubleface-Stoff kannst du die Saumzugabe nach rechts umschlagen und erhältst so einen tollen Look!

LATZHOSE SATU

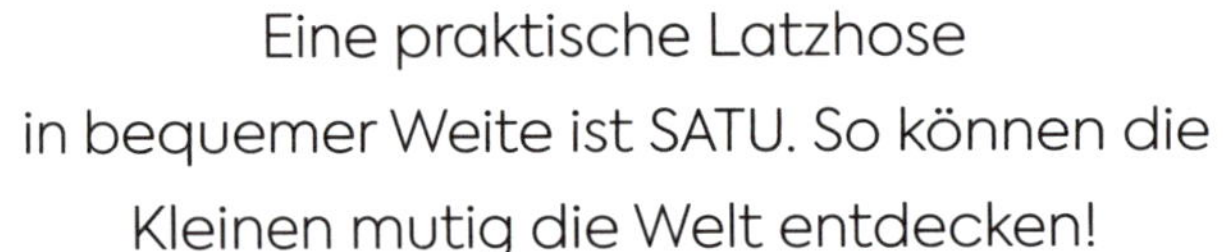

Eine praktische Latzhose
in bequemer Weite ist SATU. So können die
Kleinen mutig die Welt entdecken!

SATU heißt auf Deutsch übersetzt „eins, einteilig“.

STOFF

→ Webwaren wie Musselin, Popeline, Leinen, Jeans, Cord

MATERIAL

Größe 50–74: Hauptstoff: 60 cm
Stoff für Belege: 20 cm
Bündchenware: 25 cm
Größe 80–104: Hauptstoff: 90 cm
Stoff für Belege: 25 cm
Bündchenware: 20 cm
Alle Größen: 2 Knöpfe/Druckknöpfe/Latzhosenschnallen

ZUSCHNITT

Alle Schnittteile mit 0,7–1 cm NZ zuschneiden.

→ **1 × Vorderteil**
im Bruch
→ **1 × Rückteil**
im Bruch
→ **1 × Rückteil Beleg**
im Bruch
→ **1 × Vorderteil Beleg**
im Bruch
→ **2 × Träger**
→ **2 × Beinbündchen**

Die Hose wächst durch die variablen Träger lange mit. Außerdem kannst du die Latzhose auch aus zwei Jeans upcyceln.

HINWEIS

Für eine aufgesetzte Tasche einfach eine Tasche nach dem Schnittmuster Cardigan TOMBOL zuschneiden und (quer) vorne auf den Latz aufsetzen!

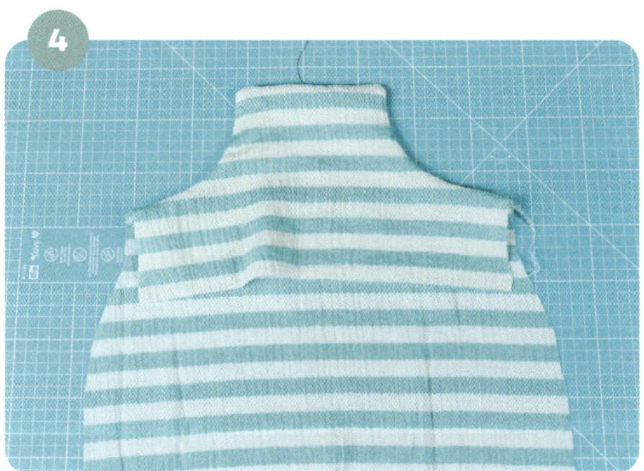

1. Träger vorbereiten. Träger jeweils rechts auf rechts zusammenlegen und die lange Seite stecken und nähen.
2. Träger durch eine Seite auf rechts wenden und bügeln, die Seiten bleiben vorerst noch offen.

HINWEIS

Musselin-Stoff nicht bügeln, sondern nur mit den Fingern glatt streichen.

3. Beleg vorne rechts auf rechts auf das Vorderteil der Hose legen. Die obere Kante komplett stecken und nähen. Je nach Stoff die Nahtzugabe zurückschneiden oder versäubern (bei Musselin zu empfehlen).
4. Auf rechts wenden und gut bügeln. Die Naht bildet dabei die Kante.

5. Träger, nach unten zeigend, auf die rechte Seite des Rückteils platzieren, dabei bleibt zur Seite die Nahtzugabe frei. Träger stecken und in der Nahtzugabe mit einigen Stichen fixieren. **Tipp:** Wenn du die Träger leicht schräg legst, können sie später über Kreuz getragen werden.

6. Den Rückteil-Beleg rechts auf rechts auf das Rückteil legen. Die fixierten Träger liegen dazwischen und zeigen weiterhin nach unten. Die obere Kante komplett stecken und nähen. Je nach Stoff die Nahtzugabe zurückschneiden oder versäubern (bei Musselin zu empfehlen).

7. Auf rechts wenden und gut bügeln.

8. Vorder- und Rückteil rechts auf rechts aufeinanderlegen. Die Belege dabei nach oben ausklappen und ebenfalls rechts auf rechts aufeinanderlegen. An den Seiten treffen jeweils die Nähte der Belege vorn und hinten aufeinander. Seitennähte vom Bein bis zum Beleg stecken und in einem Zug nähen. Naht versäubern.

9. Unterkante des Belegs rundherum versäubern. Beleg nach innen legen und bügeln.

10. Oberkante der Hose rundherum knappkantig absteppen, damit der Beleg innen fixiert wird.

11. Vorder- und Rückteil der Hose so aufeinanderlegen, dass die Innenbeinnaht gesteckt und genäht werden kann. Versäubern.

12. Bündchen an die Hosenbeine annähen, siehe Anleitung Seite 46.

Wie du ein Knopfloch nähst, erfährst du hier:
https://naehfrosch.de/knopfloch-naehen/

13. Träger anpassen. Lass die Hose nun anprobieren und kürze die Träger auf die passende Länge. Bügle dann an der offenen Kante die Nahtzugabe nach innen und steppe von rechts den Abschluss des Trägers knappkantig ab sowie den ganzen restlichen Träger ringsherum.

14. Bringe den Verschluss an Trägern und vorderem Latz an. Zum Beispiel Druckknöpfe oder Latzhosenschnallen. Eine weitere Möglichkeit ist, ein Knopfloch zu nähen, und die Träger werden zum Knoten gezogen.

Die Latzhose gibt es auch in einer kurzen Variante.

WINTERSET BERSAMA

Ruckzuck angezogen ist der bequeme Schlupfschal, ganz ohne lästiges Binden. So bleiben die Kleinen schön warm! Und auf den Kopf die witzige Mütze, die oben abgebunden wird.

BERSAMA heißt auf Deutsch übersetzt „zusammen".

STOFF

- → Dehnbare Stoffe wie Jersey, dehnbarer (Sommer-)Sweat, Nicki
- → Für die Mütze benötigst du außerdem noch ein Band, z.B. eine Kordel, Spitzenband, Ripsband oder Jerseynudel.

ZUSCHNITT

Alle Schnittteile mit 0,7–1 cm NZ zuschneiden.

→ **Mütze:**
2 × Schnittteil Mütze/Loop im Bruch
1 × Bündchen im Bruch

→ **Schlupfschal:**
2 × Schnittteil Mütze/Loop im Bruch

MATERIAL

Mütze: Außenstoff: 35 cm
Innenstoff: 35 cm
Bündchenware: 15 cm
Bindeband: 20–30 cm
Schlupfschal: Außenstoff: 35 cm
Innenstoff: 35 cm

Schal

Mütze

SCHAL

1. Lege beide Stoffteile rechts auf rechts aufeinander. Stecke und nähe die langen Kanten oben und unten. Aber Achtung: Lass an einer Kante eine Wendeöffnung von 8–10 cm Länge offen!
2. Nun in eine Seite hineingreifen und das andere kurze Ende festhalten und mit hochziehen. Die kurzen Enden liegen nun aufeinander. Achte darauf, dass nichts verdreht ist!
3. Lege die kurzen Seiten nun rundherum rechts auf rechts aufeinander, stecke diese fest und nähe rundherum.
4. Durch die Wendeöffnung kannst du das Teil nun auf rechts wenden. Schließe die Wendeöffnung per Hand. Siehe Anleitung auf Seite 45.

Aus einem ausgedienten Sweatshirt oder Strickpulli lässt sich ein Schal oder eine Mütze upcyceln.

MÜTZE

1

3

2

4

1. Lege beide Stoffteile rechts auf rechts aufeinander. Stecke diese fest und nähe die lange Kante oben entlang.
2. Falte nun das Teil auf und lege es anschließend so zusammen, dass die eben genähte Naht sich in der Mitte trifft. Stecke fest und nähe die obere Kante.
3. Wende das Teil nun auf rechts und lege die Mütze so, wie sie später sein soll. Der Außenstoff ist außen, der Innenstoff innen. Stecke und hefte den Innen- und Außenstoff an der offenen Kante im Kreis herum aufeinander. So kannst du das Bündchen gleich besser annähen, ohne dass etwas verrutscht.
4. Nähe das Bündchen an, wie in der Anleitung auf Seite 46 beschrieben.
5. Mit dem Band die Mütze oben zubinden. Das Band mit einigen Stichen fixieren und nicht zu lang hängen lassen. (Strangulationsgefahr!)

5

HALSTUCH GIAT

GIAT heißt auf Deutsch übersetzt „unternehmungslustig".

Das einfache Halstuch ist der perfekte Begleiter für die unternehmenslustigen Kleinen. Egal ob als praktischer Sabberlatz während des Zahnens oder als modischer Hingucker.

STOFF

→ Weiche Stoffe wie Musselin, Jersey, (Sommer-)Sweat, Molton oder Baumwollwebware.

MATERIAL

Hauptstoff: 35 × 35 cm

ZUSCHNITT

1× ein Quadrat 35 × 35 cm (Nahtzugabe ist enthalten)

Für das Halstuch kannst du nicht mehr benötigte, große Spucktücher und Mullwindeln verwenden.

HINWEIS

Halstuch als Lätzchen verwenden? Dann einen Stoff aus Baumwolle nehmen, der saugfähig und bei hohen Temperaturen waschbar ist.

HINWEIS

Das Halstuch kann aus nahezu allen Stoffen genäht werden. Wichtig ist, dass die Stoffe weich sind, sodass sich das Halstuch gut um den Hals legen und binden lässt.

SO GEHT'S

1. Falte das Quadrat rechts auf rechts zu einem Dreieck und stecke die Stofflagen an den offenen Kanten zusammen.
2. Nähe beide Kanten und lass eine Wendeöffnung offen.
3. Wende das Halstuch auf rechts.
4. Schlage die Nahtzugabe an der Wendeöffnung nach innen ein. Die beiden genähten Kanten kannst du nun von rechts absteppen. Dabei wird die Wendeöffnung mit verschlossen.

HINWEIS

Weil an der langen Seite keine Naht ist, schmiegt sich das Halstuch besonders weich an den Hals an.

NähFrosch

HAARBAND PITA

Mit dieser großen Haarschleife verpackst du dein kleines Geschenk auf schönste Weise.

PITA heißt auf Deutsch übersetzt „das Band“.

STOFF

→ Jersey für das Band und die Schleife kann aus jedem Stoff genäht werden, der nicht zu dick ist, aber etwas Stand hat. Mit Bügeleinlage kann beim Schleifenteil noch etwas Standfestigkeit gegeben werden.

MATERIAL

Stoff für Schleife: 15 cm

Stoff für Band: 15 cm

Dieses kleine Projekt lässt sich super aus Stoffresten nähen.

ZUSCHNITT

Alle Schnittteile mit 0,7–1 cm NZ zuschneiden.

→ **1× Kopfband**
im Bruch

→ **1× Schleife**
im Bruch

→ **1× Knoten**

→ **ggf. 1× Schleife**
im Bruch aus Bügeleinlage

HINWEIS

Experimentieren ausdrücklich erlaubt! Verwende doch mal Tüll für die Schleife!

HINWEIS

Eine etwas kleinere Schleife macht sich auch gut auf einem Haarreif oder einer Haarspange!

SO GEHT'S

1. Schleife nähen. Falte die Schleife rechts auf rechts im Bruch aufeinander. Stecke die 3 offenen Kanten fest und nähe sie zusammen. Eine Wendeöffnung lassen.
2. Nahtzugabe an den Ecken schräg abschneiden, bis 1–2 mm vor die Naht. Die Naht selbst nicht verletzen. Nahtzugabe insgesamt kürzen, nur an der Wendeöffnung nicht. Die Schleife auf rechts wenden. Nahtzugabe an der Wendeöffnung nach innen falten und Schleife gut bügeln. Schleife knappkantig rundherum absteppen, das gibt Stabilität und die Wendeöffnung wird gleich mitgeschlossen.
3. Das Schleifenband wie ein Schrägband falten. Dazu klappe entlang der Längsseiten die Nahtzugabe auf die linke Seite und bügle gut.
4. Steppe das Schleifenband auf beiden Seiten ab.

5. Falte die Schleife wie eine Ziehharmonika. Wenn du die Ziehharmonika nun bügelst, erhältst du den Plissee-Look. Das Schleifenband nun mittig um die Schleife legen, mit der Nahtseite nach außen. Das Schleifenband wird noch gewendet, später ist die andere Seite zu sehen! Nähe das Schleifenband zum Ring, mehrmals vor und zurück. Achtung: Nicht zu eng, sonst kannst du es nicht mehr umdrehen! Drehe das Schleifenband um, sodass die Naht innen versteckt ist.

6. Haarband nähen: Falte das Band längs zusammen, rechts auf rechts, und nähe die Stofflagen an der langen Kante zusammen.

7. Wende den Stoffschlauch und falte ihn so, dass die Naht in der Mitte verläuft. Gut bügeln. Stecke die kurzen Enden aufeinander und nähe.

8. Schleife aufnähen: Nähe die Schleife von Hand mit einigen Stichen am Haarband fest. Du kannst sie gerade oder schräg annähen, wie es dir am besten gefällt.

LÄTZCHEN ENAK

Ganz schnell reingeschlupft!
Dieses Lätzchen ist der beste Begleiter
am Tisch – ohne lästiges Binden.

ENAK heißt auf Deutsch übersetzt „schmeckt lecker".

STOFF

→ Saugfähiger und gut waschbarer Stoff wie Frottee oder Molton.

ZUSCHNITT

→ **1 × Bündchen**
→ **1 × kleines Handtuch**
oder Stoff 30 × 50 cm

MATERIAL

Ein kleines Handtuch oder Stoff:
ca. 30 × 50 cm
Bündchenware: 10 cm
Evtl. Schrägband für die Stoffkanten

Für dieses Projekt kannst du ein kleines Handtuch und Bündchenreste verwenden.

SO GEHT'S

1

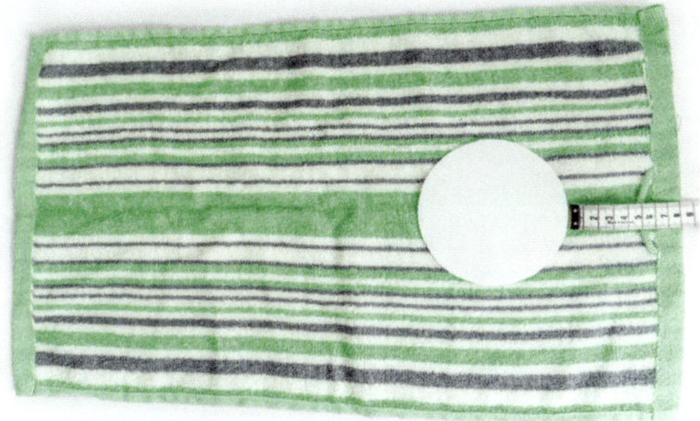

2

1. Schneide anhand der Kreisschablone einen Kreis aus dem Handtuch aus. Der Kreis sollte sich mittig befinden, ca. 6–8 cm vom oberen Rand entfernt.
2. Nähe das Bündchen an den Kreis, wie in der Anleitung auf Seite 46 beschrieben, und schon ist das Lätzchen fertig.

HINWEIS

Wenn du Stoff verwendet hast, musst du noch die Kanten versäubern, säumen oder mit Schrägband einfassen!

WÄRMEKISSEN PUSAR

PUSAR heißt auf Deutsch übersetzt „Bauchnabel".

Dieses kleine runde Wärmekissen sorgt im Nu für Ruhe im Bäuchlein. Gefüllt mit Bio-Traubenkernen, schmiegt sich das Schmusekissen in Katzenoptik an den kleinen Patienten an. Der Bezug kann vom Innenkissen ganz praktisch abgenommen werden.

STOFF

→ Weiche Stoffe wie Nicki, Frottee, Jersey, Cord, Sweat, Plüsch, für außen. Für das Innenkissen am besten Baumwollwebware. Für die Arme ist auch Musselin gut geeignet.

MATERIAL

120–140 g Körner in Bio-Qualität, die erhitzt werden können,
Außenstoff: 20 cm
Innenstoff: 20 cm
Für die Arme: Reststücke, ca. 10 cm hoch

ZUSCHNITT

Alle Schnittteile mit 0,7–1 cm NZ zuschneiden.

→ **2 × Vorderteil** aus Innenstoff
→ **1 × Vorderteil** aus Außenstoff
→ **2 × Rückteil** aus Außenstoff
→ **4 × Ohr** aus Außenstoff
→ **8 × Arm** ggf. 2 × Augen zum applizieren + Vliesofix

Für dieses kleine Projekt kannst du z. B. Kleidung upcyceln oder Stoffreste verwenden.

SO GEHT'S

1. Innenkissen nähen und füllen. Beide Vorderteile rechts auf rechts zusammennähen, eine Wendeöffnung lassen. Nahtzugabe einkürzen, außer an der Öffnung.
2. Innenkissen wenden und bis ca. zur Hälfte füllen. Wendeöffnung schließen, siehe Seite 45.
3. Gliedmaßen nähen. Je zwei Arme/Ohren rechts auf rechts zusammennähen, die kurze gerade Kante offen lassen. Nahtzugabe einkürzen, wenden und bügeln.
4. Rückseite mit Verschluss nähen. Bügle entlang der geraden Kante der Rückteile jeweils Vlies auf und versäubere die Kante. Schlage je die Kante nach links um und steppe ab. Beide Teile aneinanderlegen, dass die geraden Kanten leicht überlappen. Mit einigen Stichen seitlich fixieren. Die Öffnung verkleinern, indem je 2–3 cm von jeder Seite aus zugenäht werden.

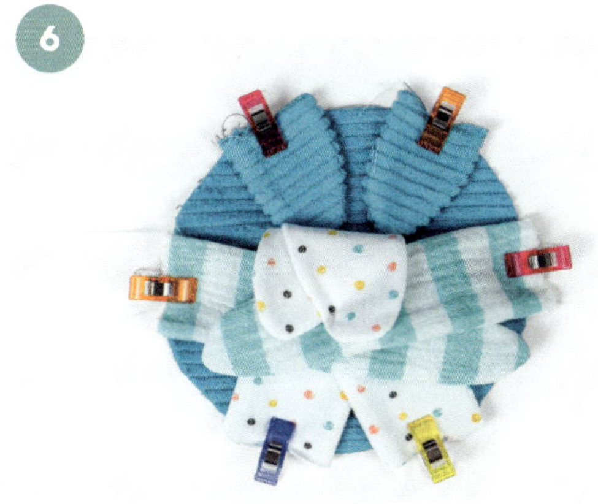

5. Appliziere das Gesicht mit Vlisofix oder „zeichne" das Gesicht mit Geradstich.
6. Körperteile annähen. Lege das Vorderteil (rechte Stoffseite zu dir) vor dich. Platziere darauf die Gliedmaßen, nach innen zeigend. Fixiere sie am Rand mit einigen Stichen.
7. Körper nähen. Auf das Vorderteil mit den Gliedmaßen kommt die Rückseite, rechte Seite nach unten. Stecke und nähe rundherum. Kürze die Nahtzugabe ein. Wende durch die Öffnung auf der Rückseite.
8. Innenkissen einsetzen. Du kannst durch die Öffnung hinten das Innenkissen in das Außenkissen einlegen, nachdem du es in der Mikrowelle kurz erhitzt hast.

DIE FLEISSIGEN PROBENÄHERINNEN

Bei meinen lieben Probenähern möchte ich mich von ganzem Herzen bedanken. Ihr habt tolles geleistet und mich unterstützt in einer Zeit, in der die ganze Welt Kopf stand. Ihr habt neben Home-Office, Home-Schooling und Kinderbetreuung noch Zeit gefunden, die Schnitte ausgiebig zu testen und wunderschöne Designbeispiele zu nähen. Auch wenn einige Kinder uns zum Narren halten wollten und einfach über Nacht in die nächste Größe gewachsen sind! Danke für eure Unterstützung und dass ihr dieses Projekt mit mir verwirklicht habt.

KATRIN RITTEL von Made by Trine
CHRISTIN THUMANN von Knopfkönigin
MILKA DEDERKO von Halinkas Art
MARIE HERMANN von Muffins.Naehstube
JASMIN BÖHM von Fräulein Jasmin
BIANCA PAUL von Bigrantula näht
SABRINA EVA BINDER von Kartoffeltiger
CAROLINE SATTLER von Carosa
ANNIKA HARTIG-FREIMUTH
ANNE STIEBLING
ANTJE MANN

Hier
bekommt ihr alle Stoffe!

Alle Stoffe, die in diesem Buch verwendet wurden, bekommst du bei EvLis-Needle. Die Stoffe tragen alle das Siegel von OEKO-TEX® STANDARD 100.
https://evlis-needle.de/naehfrosch

ICH MÖCHTE DANKE SAGEN

Die Zeit, in der dieses Buch entstanden ist, war eine ganz besondere. Nicht nur für mich, sondern für die ganze Welt, die aufgrund der Corona-Situation komplett auf dem Kopf stand.

Mein Dank gilt besonders meinem Mann Stefan, der mich in stressigen Situationen erträgt. Danken möchte ich meinen lieben Schwägern Desi und Mo sowie meiner Schwiegermutter Swie Mee, mit denen wir zusammenwohnen und die mehr als einmal die Kinder beaufsichtigt haben. Ich möchte meinen Eltern Ulrike und Berni danken, meinen Omas Sonja und Erika und meinem Bruder Bastian. Aufgrund der Situation konntet ihr nicht wie sonst persönlich zur Stelle sein.

Mein Dank gilt auch den Sponsoren EvLis-Needle und Prym, die mich trotz schwieriger Bedingungen zügig mit Materialien versorgt haben.

Natürlich danke ich auch meinen Kindern, Sophia und Alexander. Ihr fordert mich jeden Tag, raubt mir den letzten Nerv und gebt mir so viel Liebe. Ihr seid ein steter Quell der Freude und des Sandes. (Wo kommt nur immer dieser Sand her?) Ihr seid die besten, chaotischsten und tollsten Kinder, die sich eine Mama wünschen kann. Ich liebe euch!

ÜBER NÄHFROSCH

Nähfrosch startete 2013 als kleines Näh-Tagebuch einer frisch gebackenen Mama. Katja, Jahrgang 1985 und eigentlich diplomierte Mathematikerin, entdeckte recht plötzlich ihre Leidenschaft fürs Nähen. Und gründete ganz spontan den Blog Nähfrosch, um ihre Werke, auf die sie so stolz war, mit der Nähwelt zu teilen.

Inzwischen ist Nähfrosch kein Ein-Frau-Näh-Tagebuch mehr, sondern ein Online-Magazin, und hinter Katja steht ein ganzes Team, zu dem auch ihr Mann Stefan gehört, mit dem sie zusammen mit den beiden Kindern Sophia und Alexander im Rhein-Main-Gebiet lebt.

Neben dem Nähen werden viele weitere Themenbereiche wie z. B. Plotten, Reisen mit Kindern und Fotografie bedient. Nachhaltigkeit ist dabei ein wichtiger Bestandteil von Nähfrosch. Nach wie vor ist das Nähen das Herzstück von Nähfrosch und Katjas Leidenschaft. Nicht selten verzieht sie sich in ihr Nähzimmerchen, in dem vor lauter Stoff kaum noch Platz ist.

Sowohl Einsteiger als auch geübte Näher finden bei Nähfrosch viele Tipps und Tricks und eine stetig wachsende Auswahl professioneller Schnittmuster.

IMPRESSUM

Bibliografische Information der Deutschen Bibliothek.

Die Deutsche Bibliothek verzeichnet diese Publikation in der Deutschen Nationalbibliografie.
Detaillierte bibliografische Daten sind im Internet über http://www.dnb.de/ abrufbar.

EIN BUCH DER EDITION MICHAEL FISCHER

1. Auflage 2020

Covergestaltung, Layout und Satz: Luca Feigs
Projektmanagement und Lektorat: Isabella Krüger
Bilder und Illustrationen:: © Patrick Wittmann, München (Cover, Aufmacherfotos); © Stefan Czajkowksi (Grundlagen- und Schrittfotos); © Marianne Krohn/unsplash (S. 6); © oxygen_8/shutterstock (S. 8); © evrymmnt/shutterstock (S. 8); © SEE D JAN/shutterstock (S. 10); © Tero Vesalainen/shutterstock (S. 12); © Igisheva Maria/shutterstock (S. 15); © Black Salmon/ shutterstock (S. 19); © Argunika/shutterstock (S. 39); © Kelly Sikkema/unsplash (S. 115)
Siegel: © Global Organic Textile Standard (GOTS); © TransFair e. V. (Fairtrade Certified Cotton); © Internationaler Verband der Naturtextilwirtschaft e. V. (IVN BEST); © OEKO-TEX® Service GmbH (OEKO-TEX Made in Green); © Grüner Knopf (Bundesministerium für wirtschaftliche Zusammenarbeit und Entwicklung)
Schnittkonstruktion: Solveigh Keikavoussi, Schnittmacherei, Hamburg

ISBN 978-3-7459-0107-8

Gedruckt bei Polygraf Print, Čapajevova 44, 08001 Prešov, Slowakei

www.emf-verlag.de